アメリカで寿司店
「博多いい加減男」の半生

安武　邦夫　著

櫂歌書房

1章　幼少時代、青年時代

荒んだ子供時代

私は第二次世界大戦後の１９４９年に、母の実家があった愛知県豊田市で生まれ、父の故郷の博多で育ちました。家は貧乏で幼稚園にも行けませんでした。

当時、アメリカ兵がチョコレートを子どもたちに見せて何か言うと、周りの子供たちは、下手な英語で「サンキュー」と言いながら、喜んでもらっていました。しかし多感な６歳の自分は、日本がアメリカに負けたことがメチャクチャに悔しくて

「そげなもん（そんな物）いるか、アメリカはスカン（嫌い）！」

と言い放ち、立ち去ったことを今でも鮮明に覚えています。

そんな私が今ではアメリカ市民になり、ここで死ぬまで過ごすと計画

することになるとは、夢にも思いませんでした。

自由奔放な幼少期と青春時代を過ごし、その反動で色々な面で自分に自信が無く、異性、生活、仕事問題で多くの失敗をし、反省するも、また懲りずにやり、自己嫌悪に陥っていたのが、日本での青春時代でした。

今回出版する本は、多感な子供時代、博多の小、中、高校時代のエピソード、寿司屋になるまでの過程や、その後自己改革を目指して25歳で新天地アメリカを目指した「博多いい加減男」の50年間の夢、挫折、希望、絶望、運、幸福やその他色々な人生の些事を描いたものです。勉強が嫌いで「適当人生」でも、あきらめずに自分を信じ前に進み続けて、仲間や家族、自分の周りの人達を大事にしていけば、必ず良いことがあると信じています。素晴らしい信頼できる仲間、家族、親戚や先輩達に助けていただき、今は毎日元気に楽しく人生を過ごさせていただいております。

これからの人生は、今までにお世話になった方や迷惑をかけた数多くの人にお詫び、反省、感謝の思いを込めて、今では日米間でボランティア活動等を通してお世話になった両国に、少しでも恩返しができればと考えております。

このシリーズに出てくる人たち、または出てない方、あるいはその友達で私の不真面目な行動に、泣いた、頭に来ていた方たちへ！　既にもう時効ですから許してくださいね。今度もしどこかで会った時には、一緒に酒でも呑み、楽しく昔のことは忘れて話でもしまっショー（博多弁)。「適当男」のことは余り真面目に聴いたりしないことですよ。

さて、まずは博多に移り住み、暮らし始めたころの話から。

現在の福岡市博多区にある呉服町近くに、戦後建てられた粗末なバラック長屋が我が家でした。トタン屋根でベニヤ板の壁、トイレも何軒か共同で、水道がなく、ポンプで井戸水を汲み上げて生活用に使っていました。洗濯は冬でも冷水を使い、手と洗濯板を使う原始的な生活。家にいると、隣の家族の話が聞こえたり、雨漏りがしたり、ネズミ、ゴキブリ、ノミ、ダニ、蛇が出たり等、今考えると恐ろしい所に住んでいました。お風呂は近くの銭湯に近所の子供たちと一緒に通っていました。

3畳の部屋が6つあり、1階は母が小さい駄菓子屋をやり、母と一緒に私と兄が2部屋に住んでいました。2階は料理屋に働く仲居さん、昔カタギの寿司板前さん、商店で働く人、ホステスさん、ワケありそうな人たちが代わる代わる住んでいました。東映映画に出てくるようなドヤ街の長屋に住むような人々の生活は、ある時は本当にヤバく、ドス、木刀で渡り合うのも見たことがあります。

当時は、戦後の荒れた時代でした。任侠映画に出て来るような、ヒロポン中毒者、反社会、性風俗系の人々、お金が無い、身寄りの無い人、年寄り達が肩を寄せ合って生きていました。それでも、みなさん人情味溢れる人たちでした。ただ頭に血が上りやすく、ケンカになると大騒ぎです。誰かがキレたらラーメン屋の親父さんが出て来たり、イカサマのバッグやトランクを売る元気なひと癖もふた癖もある女将が仲裁に入ったりしてまとめていました。

何でも歩いて3分以内に手に入ります。魚、野菜、駄菓子、漫画、雑誌、色々のおかず屋、2人の美少女がいる肉屋、入れ墨だらけのオヤジのラーメン屋、うどん店、クリーニング店、洋食、天ぷら、酒、可愛い憧れのマドンナのいるぜんざい屋。家族全員になんらかの問題があり、荒くれ者、男女共に番長。本当に人生修行になりました。そんな環境下で、なぜか私は皆さんに可愛がられ、守られていたような気がします。

時には怖い思いもしましたが、子供の頃に良い勉強をしました。ここで色々な人達から学んだことが、良くも悪くも、いま自分らしく生きるために役立っていると思います。

何年か後に、福岡市の郊外にある東区香住ヶ丘に、闇商売で儲けた祖母が家を建て、平日はそこから小学校に通い、週末は博多の母の店を手伝っていました。博多だけで住んでいると、教育上良くないという判断もあったのでしょう。店番では、配達、コソ泥の見張りと、マセた小学生時代でした。楽しみは大丸デパートの屋上で遊び、レストランでアイスクリームを食べて、オモチャ売り場に行くことでした。そして近くの大人に連れていってもらい、３本立ての映画を見ながらラムネ、イカ焼きなどを食べる。それの繰り返しで、勉強はほぼ適当、運動はしない、今考えると恐ろしいレイジー・ボーイでした。

田舎では、自分は小山で鳥や昆虫を捕まえたりしました。川でウナギ、フナやコイ、ざりがに、シジミなどの貝取り。線路で汽車から落ちる石炭を拾って燃料にし、野原でツクシやゼンマイを取り、海で海苔、アサリ貝、ハマグリ取り、魚釣りをするなど、完全なる自然児になりました。

家の周りでは野菜や果物、ニワトリまで、おばあさんが農家の人から学び、育てていました。自給自足的な生活をしていましたね。肉と魚は買いますが、野菜はシーズン中すべて自給自足で、果物も大体の物は農家の人から学んで作っていました。

中学生になるまではそんな感じでおばあさんを助けていました。香椎中学校に入ると、先のことを考え始め、少し勉強を始めました。

ガリ勉

高校進学を考えたとき、私立はお金がかかるので、公立を目指すために少しくらい勉強した方が良いかなと思い、猛烈に勉強をしました。両親は自分には勉強しろと言うこともなく、注意もせずに全て自由気ままにやらせてくれました。５００人以上の生徒の中で３５０番から４００番くらいの成績でしたが、中学３年の最後の方のテストは、ガリ勉のおかげで何と35番でした！

先生もびっくり、女子生徒が「安武君どげんしたと？」と言うので、「俺も分からんけど」と、目立ちたがりの面目を見せました。心の中では「やったぜ！」と快哉《かいさい》を叫びました。

それまでもてなかった私が、いい成績が取れたおかげで女の子が優しくしてくれたのには驚きました。それで次は先生に「どこの高校が良かですか」と尋ねて、それからやる気を出して、県立福岡高校への進学を目指してビシビシ勉強し、試験に行きました。おそらく60％はＯＫだと思っていました。

合格発表の日。会場に行きましたがあまりにも人が多いので、もし合格なら後で連絡が来るやろうと思い、博多の家に行き休憩していました。そしたら担任の先生がタクシーで家を探して来てくれ、焦りながら「安武、合格した。でも、今から行って手続きをしなければ不合格になるぞ」と言われ、焦りまくりギリギリですが、進学が決まりました。

その先生はどうして私の家がわかったのか、今でも解りません。ＧＰＳなんかない時代ですからねー。先生が来てくれなかったら、全てが無駄になるところでした。ただただ感謝だけです。

それから中学を卒業し、その前後に2人の女子生徒から、人生で初めて「高校に行ったら付き合ってくれんね」と交際を申し込まれましたが、私のタイプではなく、あまりの相手の積極さに怖くなりました。頭の良い勉強家の人は苦手でしたから「今度連絡します」と言い、静かに逃げました。大人の世界の始まりを学んだ気がしました。

取り敢えず第1関門突破！

ところが入学してから1週間後、人生の現実を自分で体感しました。それは高校生活が全く想像できない世界だったことです。

全く違う次元の生徒たちばかりで、まるで皆が先生のように感じました。色々焦って、しかし悟りました。「ついて行けない、無理」とも感じました。

今辞めるか、卒業までなんとか自分流でしのぐか？　悩んでいたところに、幸い２人、私並みに勉強ができない生徒たちがいたのです。よし残ることに決～めた！

この２人は今も仲間です。今の自分がいるのは彼らのお陰です。他の生徒も非常に私達を可愛いがってくれました。理由は、競争相手には絶対にならない、遊びが得意、面白い性格で金回りが良い３人だったからです。

一生の友となった野田君はラグビー部、今泉君は野球部でした。私は博多、中洲のパチンコ屋やビヤガーデン、スマートボールが居場所で、

高校時代の親友三人組の一人の今泉君（写真）の追悼会に
野田君（中列左から 2 番目）と参加（2023 年）

酒、タバコもたしなむ不良学生でした。朝から軍艦マーチの歌でパチンコ玉弾き、昼にはランチを仲間達と食べ、代返（参加確認をするのを自分の代わりに返事をする）した人にランチを奢って、午後から真面目に勉強にいそしむフリをしていました。

クラブ活動は、硬式テニス部に入りましたが、玉拾いばかりなので2ヶ月で辞めました。その後演劇部。退屈な感じでやはり2ヶ月くらいでチャオ！　とにかく我慢することができない私でした。午後は訳あり大人達と飲み食い、女性に声かけの練習をする日々でした。

あるとき、繁華街の中洲でオールナイトのヤクザ映画を見て、高倉健になった気分で、何か言ったら前から、ナ、ナ、なんと、「兄ちゃんキサン（貴様）何かいうたや？」と、ヤクザっぽい男性に絡まれ恐怖で身が凍り付きましたが、「セリフの勉強ばしよったとです」と言うと許してくれました。本当のパチ・プロにも何度も言いがかりをつけられたり、色々表も裏も勉強した学生時代でした。

次は盆踊り、お寺の前で退学を覚悟した真夏の夜のことです。

少しずつ適当学生生活に慣れ、毎日楽しく過ごしていました。そろそろ彼女探しをしようと、銭湯の横にあるうどん屋のお嬢さんを誘って、盆踊りに行きました。その頃の自分は赤面症で、恥ずかしがり屋でした。でも、二人で色々と飲み食いしながら暗いお寺の門の前で、馬鹿話してイチャイチャしていたら、突然パーッと光が当たって見えません。誰かと思ったら、やばい！二人のお巡りさんでした。

「ここで、なんばしようとか？」

ほとんど覚えていませんが「色々話しばしよったとです」とか答えました。

「どこの学生か？」と聞かれても名前は絶対に言えないので、「近くの学校です」と。祈る様な気持ちで、これ以上聞かないで、心臓ドキドキ！

学生時代・筆者向かって右、左は兄の恒夫

「こんな暗い所で話しせんで、他の明るい所で話しばせんと危ないぞ!!変な奴がおるけんな」

変な奴は俺のこととわかっていたのかも。しかし昔の博多のお巡りさんは優しいバイ。

「はい、注意して帰ります。ありがとうございます！」と言い、即彼女と立ち去りました。

他にもまだまだ、人には言えない

数々のアホな失敗をしましたが、若い時の失敗は成功の元と思い、チャレンジしていました。ある時は仲間を助けて正義の味方を装いましたが、相手にボコボコにやられ、半死の重症、その後なんと30分後相手の仲間達から連れて行かれて追加で制裁、1週間寝たきり。近くの悪そう仲間が仕返しに行こうと言いましたが、退学になるので止めるように懇願しました。

人生全て勉強。

板前修行

私の人生の夢は、次の3つでした。

①映画スターになる（金が稼げるし楽しそう）。
②防衛大学に行く（金が掛からない、卒業したら取り敢えずボスになれる）。
③30才で寿司屋をオープン（自分で稼げる可能性あり、ボスになれる）。

①は挫折、身長伸ばしに失敗。目標170センチ以上、しかし現実は165センチ、毎晩両手を机に縛り、両足も他の机にくくり、背筋を伸ばして寝ていましたがダメでした。
②防衛大学は裸眼で両目1．00必要だが片目駄目で断念。

それで3番目の寿司屋になることに決めた。やる気満々！

先生に「大学に行かんとか？」と聞かれましたが、「私は勉強嫌いですが、ボスになりたいですから寿司屋をオープンします」と返事をしました。

福岡高校では500人以上の卒業生の中で唯一人の就職希望者でした。先生からも大学を勧められましたが、自分はこれで人生を歩んで行くことに全く迷いはありませんでした。最後の卒業試験はフラフラしながら、私たち3人の不成績生徒は先生、仲間達の陰ながらの指導に助けられて、無事に各々の道を見つけました。ありがとう！

1967年春、卒業後、親戚の知り合いの岡崎市の寿司屋に修行に行くことになりました。

博多駅から家族、友達に見送られ、そしてある可愛い女性から「あんたが帰って来るのば待っとうよ」なんて言われて、映画の主人公になったような気持ちになりました。

そして、ポー、ガタ、ゴト、ガタ、ゴトと汽車が出始め、煙が降りかかる中、必死に手を振って皆と別れました。

その頃は急行の汽車で岡崎市までは15時間以上かかったと思います。楽しみとか、嬉しい気持ちで早く着いてくれとだけ、考えていたと思います。

岡崎城の近くで、初めての仕事の日は緊張していました。最初は店の主人に、そして女将、娘さん、仲居さん、板前さん、見習いの仲間達の順に挨拶をしました。とにかく全く分かりませんので、何をしたらいいですか？と優しそうな仲間に聞き、初日が始まり、昼ごはんの時間になりましたが、忙しいので早く食べ、10分以内で終わります。夜も同じ。そして初日が終了、バタンと爆睡。

約1週間して雰囲気が分かり初めて、サー、そろそろやるかと動き始め、自分の仕事を学び、周りの人達は優しく指導してくれました。寿司修行は3年で終わる計画なので、真剣に調理を習うのではなく、早く終わればいいという考えを優先した、いい加減な考えでいました。

この頃は異性関係で数々の人生勉強をしていましたが、若いうちの失敗は良い経験と勝手に思って、我が道を行くのみでした。

毎日忙しくも、楽しい毎日が過ぎて行きます。ふと一人になると、これでいいのかと反省します。シャリ炊きができるようになるまでは後2年もあり、それまでは、出前、仕込み、雨が降っても風が吹いても雨合羽を着て自転車に乗って配達の仕事がありましたが、白衣の天使達が優しくしてくれる近くの病院の配達は好きでした。

初めて寿司を届けた病院は30分かかりました。最後の10分は登り坂、押して行きました。ドアを開けるとあちこちから不思議な叫び声や雑音、中から一斉に注がれる視線に驚きました。そこは、精神病院でした。急いでいたので、何と言って帰ったかは忘れました。何回か行くと余裕が出て、話ができました。

ある台風の夜に、その病院に配達を頼まれたので、先輩に「車貸してください」と頼んだのですが断られ、仕方なく雨合羽を着てテレビで観た月光仮面になったような気持ちで自転車に乗って、坂道を押しながら登りました。寮に帰って他の先輩がその話を誰からか聞いて、断った先輩をめちゃくちゃに殴っていました。

その後、こんな店で働いていると、３年計画は無理と考え、親父さんに辞めますと伝えて、次の店を他の店の先輩に紹介してもらいました。

次は温泉町の寿司屋で働きました。港町で近くに温泉のある小さな家族経営の店でした。優しい親父さん、女将さん、親父さんのお母さん、女将さんのお母さん、近所の人達も優しく、和やかな雰囲気の中で大事にされたこと、大した仕事をしていない自分に休みのたびにお小遣いをくれる女将さん、豪華な朝ごはんが出る、仕事が少ないなど、それほど悪くない状態が、私にとってはかえって苦痛になりつつありました。

ある日一人の若い子から「あんた私と一緒に片山津温泉に働きに行かない？」と誘われて、その言葉で完全に我に返りました。やはり女性問題がきっかけとなり、ここは私の生き方とは違うと密かに決めました。そして、1カ月後に辞めさせて下さいと伝えて、また岡崎に戻りました。仲間がとりあえず働ける所を紹介してくれました。

次に行った店で、ある夜お客さんから言われた料理の言葉が分からず「あーこれではいかん、勉強しなきゃ」と思い、新聞の求人欄を見て、名古屋に行って面接を受け、1ヶ月後に有名な店で本格的な修行に入りました。沢山の板前さんがいて勉強になりました。しかしまた、あることで先輩と大立ち回り、その夜、店長から即クビを言い渡され、一年のうちに何度も店を変わる自分はつくづくダメ男なのだと絶望しました。

クビになり店を出ましたが、手持ち金は30円しか無かったので名古屋駅の仲間に電話をしました。しかし、彼らは忙しい最中で話ができませんでした。

名古屋駅の店までトボトボと自信を完全に無くして歩いていましたが、途中で岡崎方面に向かっていました。

国道を岡崎まで歩いて行こうと白衣、高下駄を履いたままで空元気を出して歩いていました、朝には着くだろうと。

若いというのはいいのか悪いのかわからないけど、自分への反省を込めて歩いていたと思います。

何時間か元気に歩いていましたが、「キキキー」と車が停まって、中から中年の男性に「あんた何してるの？」と声をかけられました。自分は警戒モードで「ちょっと散歩しています」と答えました。真夜中に高下駄履いて、国道を白衣で散歩はないでしょう。

「どこまで散歩？？？」顔を見たらまともな感じの人だったので「近くです」と言いましたが、相手は見抜いたみたいで「近くまで送るから」と言われ、それでも警戒して後部座席に座りました。

良さそうな人だったので「岡崎まで」と言うと、ちょっとびっくりしている様子でしたが何も聞かずに送ってくれました。親切な人でした。

計画もなくとりあえず岡崎についたものの、何をしたらいいのかわからず途方に暮れた数日を過ごしました。

今になって岡崎の最初の店は知り合いで優遇してくれていたのだと分かりました。それも考えずに辞めていたとは。自分のアホさ加減が情けなくなりました。それから、博多に帰ることを決心しました。

家に帰ると皆は何も言わず部屋を用意してくれました。次の日から仕事探し。２週間ほどは仕事が見つからず、昔住んでいた大丸の近くを元気なく夕方歩いていたら、後ろから聞き慣れた声がしたので振り返ると「帰っとったとや？」高校で劣等生仲間の野田でした。

すぐ自分の困った様子に気がついて「邦夫、久しぶりに俺の所で泊まっていかんや？」と聞かれました。

昔の仲間に弱みを見せる自分が恥ずかしく逃げて行きたい気持ちもありましたが、それでも言われるままについて行き、ビールを飲みながら昔話をすることになりました。

彼は3人の劣等生仲間の一人です。しかし、彼は中学校の時は生徒会長、ラグビーで特待生として大学に行くも問題を起こし、大阪まで逃げて行ったという彼の話に驚きました。しかし、この野田君との話が自分の人生のターニング・ポイントになりました！

「いいや（いいか）邦夫、俺達は学校出て、何もできない、知らない社会人のど素人タイ。先輩達は色々苦労して修羅場くぐってきた人達タイ。それば俺のやり方に合わんとか、しきたりがスカン、優しくないとか、お前何ば考えようとや。俺たちは人生何も判らん、仕事もできないものなんや。

自分も何もできない素人やけん、誰よりも早く会社に行き、誰よりも遅くまで働いて、役に立つように楽しく、どんな仕事でもハイと言いビンビン働いた。人が嫌がる仕事は率先してやりまくったタイ。それしか早く素人が学ぶ方法はないと思い、やった。先輩達も時間経ったら色々教えてくれて、可愛いがってくれた。とにかく最初はがむしゃらにやってみたらどうかなぁ！」と言い「勿論俺とお前は考え方違うバッテン。俺はそうしただけタイ。お前はお前の道ば進みやい。マー今日はゆっくりと飲み語ろうぜ」と付け加えた。

翌日はその説教のおかげで背筋はピーンとはり、野田のお姉さんに美味しい朝食を作ってもらい、心は完全に回復した自分を見ました。野田とお姉さんに礼を言い帰りましたが、すぐその足で寿司組合に入って、色々教えてもらおうと春吉の福寿会という所に行きました。その1時間後に天神の平和楼という、中華料理と寿司をやっているところに行き、板前さんに挨拶して仕事をスタートしました。

博多から再挑戦

少し生まれ変わった男になり、仕事を見つけ、板長さんに挨拶して、これからお世話になる寮に行き、寮の御夫妻に挨拶。色々準備して、準備完了！ アクション タイム！

さて次の朝、平和楼寿司部に行き、言われたことをやり、忙しくバタバタと2週間が過ぎました。

なんとなく何をすればいいのか分かり始めたので、次は早めに行き、先輩達から朝一番に言われることを全て彼らが来る前に終わらせて、「何をしますか」と尋ねると、新しいことに挑戦させてくれ始めました。休み時間は中華のキッチンでシェフ達と一緒に話しをし、若いウェートレスさん達とギャーギャー騒ぎ、仲間を増やしていきました。何百人も色々な従業員がいるので、挨拶の連続です。特に上司には丁寧にしました。厳しくて怖い副中華料理長夫妻でしたが、彼らには非常に可愛がっていただきました。

次第に先輩達から仕事を回してもらえるようになり、仕事をどんどん覚えていきました。朝早く行き、前日の残りのシャリで色々作り、勉強しました。勝手に料理を練習する自分を、板長さん達も大目に見てくれていたようでした。先輩達はパチンコ、競艇が大好きなので「自分と若手の2人で仕込みをやりますから先輩達ごゆっくり」と言い休憩を長く愉しんでいただき、その間、先輩の仕事をやり勉強しました。

仕事はある程度うまくなり、飲み会に招待され、先輩達から色々学び一年半のロスをカバーできました。楽しい時間を過ごしていましたが、時間はあっという間に過ぎていきます。次は寿司店を家族と一緒にオープンするというプランがあり、その実現の準備期間は残り半年しかありませんた。

そして、自分の店をオープンする前にもう一つすることがあったので、この店を辞めて岡崎市に向けて行動しました。

好きな人と結婚して一緒に店をするために、彼女の家族に会い、結婚の許可をもらうことでした。

その日のことは今でも鮮明に覚えています。結婚する彼女の家族6人と自分達2人でお茶を飲みながら自分が話しを切り出しました。

その家族は私のよく知っている方達なので、もちろん話の内容を彼らは承知でした。でも、和やかな雰囲気の中、最後の結論は

「賛成4、反対2」でした。

反対した人は長女と長男、長女は自分で美容系の店を何軒もやっていたやり手社長さん。「性格上の問題点や、明日の生活がどうなるか分か

らない若い人に妹はやれません」と言われました。

その時私は「男はある程度の人間力と金は持たんといかん」と強く思いました。本当に言われた通り、その時はまさしく両方ともありませんでした。言わば、何もない男が洋服を着て靴を履いて歩いていただけでした。

今では、私のその時の人生観を正してくれたそのお姉さんには感謝しています。２番目のターニング・ポイントでした。

そういうわけで、また新たな気持ちで博多に戻り、心新たに自分なりの商人の道を歩んで行こうと、固く誓いました。

博多で寿司店オープン

3年だけという契約で家族と一緒に寿司屋を始めます！

計画通り3年という短い寿司修行と、素晴らしい山あり谷ありの人生修行第一弾を終え、福岡市東区の香住ヶ丘2丁目に戻りました。

母の父は大工の親方なので豊田市から大工さん達が道具や機材を持って店の改造に来てくれました。

長い道のりをトラックで、親戚4人が参加してくれました。突貫工事の前日は、玄海灘の新鮮な刺身と酒、ビールで歓迎会。

次の日からは凄まじいスピードで仕事をして、皆の食事は毎晩美味しい魚料理を兄が作ります。その時代は豊田近くには、博多にある活き魚はないから、夜は皆さん楽しく過ごしていただきました。

そして完成したら、最後の夜は大宴会で盛り上がりました。その当時はカラオケなんてありませんでしたが、皆歌いまくっていました。

店が完成した後、寿司用の魚屋さんに挨拶に行き、買い物をしました。まだ21才ですから、親父さん達から可愛いがられて、色々と教えてもらい、とりあえず材料は揃いました。開店した店の隣にある肉屋は中学時代の同級生の店で、私の憧れの可愛いお嬢さんがいて、高校時代の歳末にはその店を手伝って、ご両親には大変可愛いがっていただきました。

仕込みを2日程し、静かに寿司店の開店準備をしました。

その店はもともと兄が九産大の学生さん相手に食堂をしていた場所を改装して、寿司を中心の店に変えた店でした。

母と兄貴達と相談して、３年間寿司屋をする、それが終われば家族が私に退職金をくれるという約束をしました。

ターゲットとなる売り上げを設定し、３年後に自分は辞めて自分のやりたいことをやる、ということも再び確認しました。

私の最初の売り上げ目標は今までの2倍を設定し、３ヶ月後に達成するというものでした。

兄の経営する食堂を、母の夢である寿司屋に変える手伝いはするが、わがままな私は兄弟３人で、しかもこんな田舎で店をやる気は全くなく、寿司で売り上げをドーンと延ばしてから、自分は我が道を行く作戦でした。

そして、開店の日が来ました。家族の中で寿司は私しか作れないため寿司を握るのは私です。長兄は和食を修行していたのと料理好きなので、皿盛り、弁当、仕出しをやり、次兄は配達、親父は準備、配達、母は会計係でした。母が我が家では静かながらボスでした。

今日から寿司人生が始まります！　朝早く起きて、準備して、魚屋さんに買い物。材料は揃った、やったるぜ!!

21才の元気盛り。まず静かに開けて１週間様子見。しかし、田舎なので噂は早い。初日からそこそこに商売あり。次の朝、魚屋さんで得意の大口を叩いて、周りに競争相手の同業者がいたので無理して必要なマグロの２倍買う羽目になってしまったこともあります。

余分なマグロを買ったその日はマグロスペシャルとして大きくネタを

切り売り込みました。

魚屋の親父も私のアホな負けず嫌いな性格を見抜き、「まだ暇でしょう松葉さん？」とけしかけてマグロを売り込みます。また見栄で買ってしまいます。

そういう時が2週間くらい過ぎ、大体の感じが読めたので、近所の2軒の「寿司屋攻撃作戦」として学生バイトを車に3名乗せて、休みの日に開店スペシャルセールというチラシ配りの攻撃に入りました。そのおかげか1ヶ月後配達が大幅に増えました。

さらに美容院、病院、学校、会社、宗教団体と宣伝を仕掛けて、大口なら範囲を超えて配達しました。学校イベント、その他大きな注文にはサービスとして酒の一升瓶を持参して行きます。大変喜んでいただけました。

開店3ヶ月後には約束のターゲットは完全クリアーしました。バイトの学生にも細巻き、いなり寿司の作り方を教えて、店内売りも積極的にやり、母の夢の繁盛店は叶いました。兄の和食の料理も非常に評判が良く、売り上げは毎年上がり続けていました。もう店は軌道に乗っていました。

2年が過ぎ、私は先のことを考え始めていました。いつか東京で何か商売をと考えていました。花の都に非常に憧れていたのです。

ある時本屋で、アメリカのステーキ店「紅花」の社長、ロッキー青木の本が目に留まり、買いました。読んだ後1分後には、

「よし、アメリカで自分の性格の悪さ、根性を叩き直し、人生修行しよう。世界一の国から何かを学びたい」と思いました。

外国では頼れるのは自分一人で、家族も仲間達もいないので「これは最高！　自己改造にはもってこいだ」と考えました。その当時の自分は超超ワガママ、生意気、非情、自信過剰、自分で自分の性格が嫌いな時でした。だから自分に自信が無い！　でも子供と女性には昔から優しく、母には一度も逆らわなかったし、親父とも仲良くしていました。子供達は可愛がっていました。その点だけは良い男でした。人間何か取り柄ありますね。

次の日、家族にその話をして了解してもらい、東京の紅花本社に手紙を書いて、面接のお願いをしました。新しい挑戦が始まりそうです。

自己勘当

地元の福岡で家族と一緒に始めた寿司屋「松葉」のオープンから2年が過ぎ、この間また男女問題を含め色々失敗をしたりしました。小、中学校時代の同級生で「松葉」の常連だった女性には、相手の許可も得ずに同伴喫茶（いまのカップル喫茶）に連れて行き「あんたがそげな男やったとは知らなかった」と言われ振られ、全て自分が悪いと反省しました。

商売的には90点くらいは達成したと思います。しかし自分の人生に向き合う態度、姿勢は65点、ただただ自分が悪いと反省の一言です。次は渡米して環境を変え、再び自分を鍛えて心を叩き直そうという計画をしました。

家族と約束の「松葉」で3年契約まであと半年となり、東京のロッキー・青木の経営するステーキハウス「紅花」に面接に行きました。採用されて、半年後の東京行きの準備を進めていました。しかしあることがあり、自分でワガママな自己勘当をして、約束より早く店を去りました。家族は止めても無理と分かっているので誰も止めませんでした。2番目の兄貴に寿司を教えていましたので、自分の去った後の問題はありませんでした。

さて、まずは元の寿司組合の事務所に挨拶に行き会長に会いました。会長もビックリして「お前店してたろうが？」と言われましたが、それ以上は聞かれませんでした。さらに「2、3日俺の店の二階で過ごせ」と言ってくれました。それからは毎朝組合に行き、その日の仕事を手配してもらい、空元気で過ごしていました。

ある日事務員さんから、遠慮がちに「あんた、すまないけど宮崎まで1週間行ってくれんね？」と言われたので、「自分はどこでも行きますから、気を使わないで下さい」と言って、汽車に乗り宮崎に向かいました。

旅の途中で、東京、アメリカの仕事のことをいろいろと考えながら、宮崎の店に着いて、その日から仕事をしました。

また何か起こりそうで自信がなかったのですが、まずは真面目に仕事をします。一週間のはずが、頑張ったおかげで店の主人に気に入られ

「後一週間いてくれないか」と言われ、さらに働くことになりました。

　そこには若い娘さん達がいて、休みの日に食事に行って、色々な話をしました。近い内に東京へ行き、新しい仕事のためにアメリカに行くという話をしていました。

　一人の娘さんが自分に大変興味があったみたいで「また話を聞きたい」と言われ、二人で食事に行きました。可愛い優しい子でした。話は盛り上がり、私はここから博多に帰ったら「紅花」にはまだ入れないので、家族に謝り東京の寿司屋で働くと言うと「私も東京に連れて行って！お願い！」と言われました。嬉しい気持ちもあり、酒を飲んでいた勢いもあり、その場の雰囲気で「よし分かった、博多についてから電話するけん」と答えました。

別れの日はホームで手をいつまでも振っていてくれていました。映画のシーンみたいに汽車がガタゴト走り始め、それから彼女のことを考え始めました。

でも冷静になって考えたら、これは未成年誘拐になるんじゃないか？何才か聞かなかったが、かなり若かったから、店の人が組合に連絡したら全て判り、家族にもまた迷惑をかけると思い、彼女に連絡を取るのを止めることにしました。

心の中で「ごめんなさい！」せっかくもてかけた私でしたが、今回は将来のことを考えて慎重になったのは良かったかもしれません。

そして、会長に東京の寿司組合への紹介状を書いてもらい、我が家に戻り、家族に頭を下げ、常連さん達にもお詫びし、東京からアメリカへの人生修行のプランを伝えました。みんなは大変喜んでくれました。特に母が一番喜んでくれていました。

数日後、福高時代の仲間達と両親に見送られ、板付空港から羽田空港へと旅立ちました。

博多から東京

ついに東京に着きました。その足で可愛がっていただいていただいた寿司組合会長からの紹介状を持ち、東京の寿司組合に行きました。その日は仕事がないのでゆっくりして良いと言われ、近くの旅館に行き予約しました。

遊びに行こうとしていたら「あんた悪いけど今晩から働けるね？」と組合からの電話。最初が肝心と「ハイ喜んで」と答えて、その後旅館のおかみさんにお礼を言い、事情を話し言われた金額を支払って、また組合へ出向きました。

新しく働く店の名前と住所を教えてもらい、一人で地下鉄に乗り店まで来られるかを聞かれた時に、初めての地下鉄で自信はなかったのですが、九州男児を自負している私は見栄を張って「勿論大丈夫です」と答えました。

「赤坂で降りてね、赤坂見附じゃないよ」と言われたにもかかわらず、降りる時、言われた通りにしないでやはり間違いました。

赤坂の博多とは全く違う活気にタダタダ驚き、楽しくなってきました。「よし、やったるぜ！」と思いました。気合いは入りましたが、中々店が見つからず、右手のキャバレーとテレビ局の先の突き当りのビルの1階にあると教えてもらっていたので、色々聞きながらついに店を見つけ、裏口から入りました。赤坂らしい高級な店でした。その晩は見学だけかと思っていましたが、すぐ白衣に着替え、即仕事でした。板前さんは3名いました。挨拶して魚の仕込み、しかし量が少ないので楽勝！

夜の9時頃、この店の昼御飯の時間、優しい女性マネージャーが「どんなパンがいい？　バター、ジャム、飲み物は何にする？」と、まるで喫茶店の客になったようで驚きました。「なんでもいいです、皆さんと一緒で」と答えました。

その店の客は、映画スター、有名な相撲取り、有名人、あるいは金持ちが常連の店でした。

社長は有名な酒蔵の息子さん、女性のマネージャーは教科書に載っていたような小説家のお嬢さん。全てが今までの職場とは違うので驚きました。夜は朝2時頃に終わり、食事して、寮に歩いて仲間に付いて行きました。その後バターン。朝まで何も覚えていません。

朝になり、改めて大都会の赤坂にいると実感して、飛び上がりたくなりました。最高！

この後、全く予想してない都会という別世界での挑戦が始まりました！

この赤坂の寿司屋で働き始めて約1週間、アルコールを飲みながら寿司をつまむ高級店なので、仕事は余りなく退屈で体がなまりそうでした。

昼3時に行き、ちょっと準備して、トロ中心の店なので赤身のマグロ刺身など出前用以外は身内で食べ、豪華な社食の朝食を食べて、ゆっくりと銭湯に行く、戻っても何もない、時々申し訳なさそうに「出前悪いけど行ってくれませんか？」と頼まれる生ぬるい生活が続きました。

アクション好きなので外に出て赤坂の街を歩くのが好きでたまりませんでした。

麻雀屋、クラブ、バー、料亭と色々な人と話ができ、嬉しかったです。

しかし、毎晩大した仕事をしてないので怠け癖がつくと思い、仕事のない昼間は店の近くで働こうと、新聞広告を見て、パパママ経営の小さな洋食店に面接に行きました。皿洗いがあったので次の日からお願いしました。寿司以外料理したことがないので、少しでも基礎を学ぶ計画でした。

皿洗いをしてもスピードは速く、すぐ終わるのでクックさんのヘルプもしていました。1週間後には慣れてきて、大変良くしてくれたマスターに私の人生プランを話しました。

「3ヶ月後に就職の決まっている銀座の紅花に行き、トレーニングを受けて、アメリカに行くので長くは働けません」と言いましたが、それでも良いと言われ、その後は皿洗いをしながら料理の手伝いもさせてもらいました。なんと時給も頼んでもいないのに大幅に上げてくれました。
毎週昼6日くらい働きました。寿司屋の方も女性の優しいマネージャーが東京見物に誘ってくれたりして、皆さん達と楽しく過ごさせていただきました。ラッキーな所で短い時間ですが働かせていただき、感謝しています。

サンキュー　赤坂！

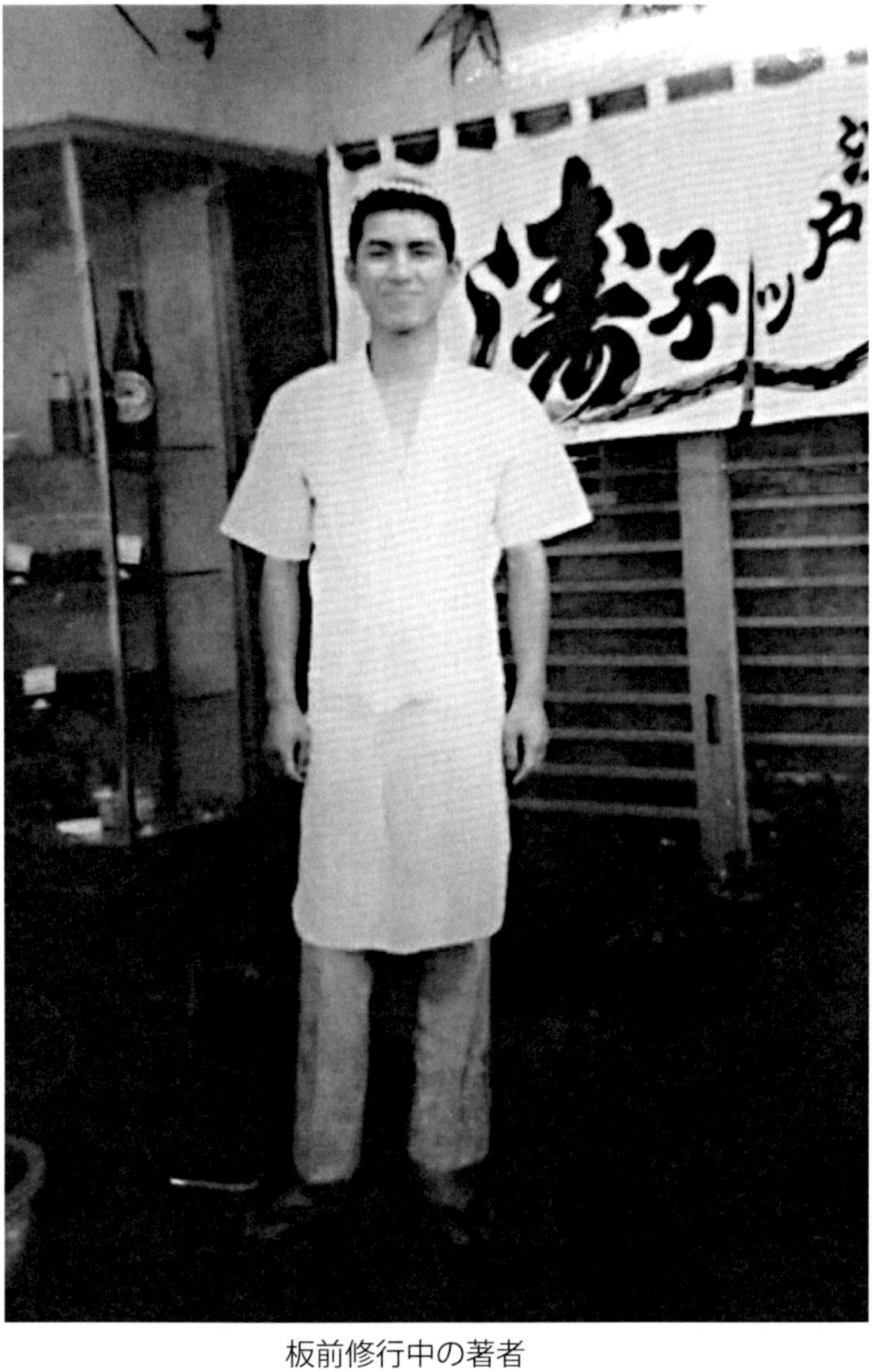

板前修行中の著者

2章

銀座紅花からアメリカ・ベセスダ紅花まで

紅花　銀座店へ

１９７３年頃、この時代の東京は本当に活気があふれる街でした。沢山の人が楽しく明日の夢を見ていました。

アメリカに移住して以来2年ごとに帰って見る、特に最近の日本は、私の目には現在の日本人は元気を失っているように見えるのは誤解でしょうか？

さて話は待ちに待った、銀座の「紅花」店に移動します。考えてみたら、博多から出て来て人生の目標の一つを達成するまでの一番自分の人生で大事なところでした。

朝10時前に着いてマネージャーを待ちました。そこは銀座の真ん中の最高の場所にあり、店の雰囲気がなんとなくアメリカンという感じがしました。

そして、しばらく待っていたら玄関からふらりとクールで優しそうな男の人が入って来ました。

私はすっと立ち上がって、「おはようございます、安武です、面接に参りました。よろしくお願いいたします！」元気に挨拶することが大事だと思い、大きな声で挨拶をしました。

優しそうな人は「君が安武君？」と答えました。今まで見たことのない優しそうな物腰が柔らかい話し方で、博多の人ではない、さすが東京の銀座は違うバイと感心しました。

「君はシェフでアメリカに渡るのだよね？」と聞かれ「はい」と答えました。すると「でもサー、今、沢山の人がここでトレーニングしていて、キッチンにはもう無理なので、空きができるまでフロントをヘルプしてくれないかなぁ〜？」と言われました。それでも「ハイ勿論です。フロントの経験はしたことがないので、よろしくご指導をお願いします」と喜んで受け入れました。

何でも新しいことを勉強したいので、正に絶好のチャンスでした。すぐに制服に着替え、皆さんに挨拶をして、掃除、バー、接客の見学をしました。

1週間が経ち大体のことは分かって、人の性格、雰囲気も分かり始めたので、仕事に集中してレベル・アップを心がけました。

マネージャー、アシスタントマネージャー、フロントの人達が色々何でもやらせてくれるので、楽しく学んでいました。

しかし、ここも高級な店なので、余り仕事がきつくなく、体力気力的に余裕があるので、渡米の際の飛行機代の足しにしようと早朝のアルバイトを探しました。そして2週間後に日本橋の高島屋の社員食堂の掃除を2時間位する仕事に応募し採用になりました。何が起こるか分からないアメリカ一匹狼生活で生き残って行くには、今から体力も気力も鍛えておかないとダメだと頑張りました。

女性の販売員の人が沢山いたので、掃除の仕事はちょっと恥ずかしかったですが、明日の夢のためにと割り切って掃除をしていました。早朝なので普通の1.5倍の時給（600円と記憶）をもらい嬉しかったです。

仕事の後は食事係の皆さん達と美味しい朝食をいただき、元気が湧水の如く溢れてきました。仕事仲間の人は大学生でした。学生さんが試験の時は1人でやらなければならないことが時々ありましたが、体力作りと思い、ビシビシ片付けました。

朝、大塚の寮から日本橋まで山手線に乗り、6時から8時の掃除が終わったら朝食をいただき、朝10時までに歩いて銀座へという週5日のアルバイトでした。

バイトの続きに行く銀座の店には早く着き過ぎました。

しかし、キッチンには誰かが早く来ていたので、着替えて即掃除して、フロントの皆さんが来る前にできる仕事を全て済ましていましたので、皆さん非常に喜んでくれました。ある時マネージャーから「いつも早く来ているみたいだけど、朝早くから何をしているの?」と聞かれました。

「ハイ、朝早くから東京見物しています」と嘘を言うと「それなら鍵渡すので、いつでも入れるよ」マネージャは恐らくもう何か気付いていたと思いますが、優しい人でそれ以上は何も聞きませんでした。

　彼は学生時代からスウェーデンに住んでいて、奥さんはスウェーデン人で海外経験もあるので、本当にいろいろな見方ができて優しく、皆に慕われていました。皆からはパパと呼ばれていました。

　それからは、紅花での朝の掃除仕事は10時までに終わらせて、皆さんにコーヒーを入れて振る舞います。そのことを特にシェフ達が喜んでくれました。1ヶ月過ぎて、待ちに待った給料日。約束の給料よりかなり多かったので、マネージャーに「話より多いですよ」と言ったら「これで良いの、サンキュー」という返事がありました。

職場のほとんどの人が賭け事が大好きで、競馬、花札、サイコロの賭けが仕事終了後始まる、いままでにない職場でした。

サイコロだけは時々付き合って、仲間になりました。それから、週末には競馬があるので皆さんの希望の競馬新聞を買いに行きました。5～8種類くらいの競馬の新聞を買い、鉛筆を耳に挟んで「これしか無い」と盛り上がっている彼等の予想を聞いて楽しんでいました。

週末の昼の仕事の内容は、私と、仕事のできる優しいアメリカ要員の女性スタッフが1階でお客様を待ち、来られたらシェフを呼びに行きます。ほとんど昼はお客様は来ませんでした。

難しいこと以外は私が全て仕切ります。マネージャー代理、会計もやります。この期間に25人位の仲間達と仲良くなり、給料日毎に誘われて人生初めてのディスコ、飲み屋に行きました。朝のアルバイトがない時は先輩たちから、朝の始発まで遊び方を指導されました。この期間は人生の勉強と考え、金のことなど考えずに遊びの勉強をしていました。

紅花のフロントの仕事も楽しく、アメリカ行き仲間の3人の女性もやる気まんまんの素晴らしい人達でした。一人は私の先輩、二人は後輩で、毎日仲良く仕事しながら平和な時が流れていました。

ある時、ランチに若い奥さんを連れたお客様が来てアメリカの紅花のことを聞き、彼もアメリカに行って働きたいと言うので、自分が知っていることを全て話しました。しかし、彼にはレストランの経験もなく、若くもなかったのでこの仕事には向いていないと思い「このキッチンの仕事、かなり厳しいかもですよ」と話しました。その後、アメリカ要員の椿山荘のフロントの人や沢山の人が続々入って来て、賑やかになりました。

東京では初の地震体験を含めて、博多で経験したことがないようなことが沢山あり本当に楽しく、勉強になりました。博多から出て来て本当に良かったと心から思いました。そろそろ渡米のチャンスが来そうなので、渡米前にいろいろとすることにしました。

とりあえず3つのことを計画しました。

①自分の歯を完全に治す
②社交ダンスの練習をする
③鉄板焼きの練習をする

歯医者に行くと、八重歯は抜いた方が磨きやすいので抜いた方がいい、アメリカは医療費が高いと言われ、八重歯を全部抜きました。痛くて痺れました。皆驚いていましたが、アメリカ人は歯並びを非常に大事にしているので、結果としては大成功だったと思います。アメリカでは八重歯は可愛いという感覚はなく、むしろ害になると考えられているようです。

社交ダンスは自分のタイプではないと知り、無理と2回で挫折しました。
鉄板焼きの練習はそろそろ始める作戦をとります。

それから何ヶ月後かに、前に食事に来ていた場違いな感じの人がアメリカ要員で入社されました。「色々教えてください」と言われ、彼とはその後も何かの縁で繋がっています。

その後、他の紅花の色々なレストランのヘルプをマネージャーから頼まれました。もちろん、どこでもOK、あっちこっちに行きました。色々勉強になりますから。

この頃までに、何と給料は3回上がり、最初からおよそ2倍に跳ね上がりました。

何人も教える立場になり、ありがたい勉強をさせていただきました。マネージャーからは客との対応の仕方等、仕事以外のことを沢山教えていただきました。海外で気をつけることやそれぞれの国の考え方など、ためになりました。

ある店でヘルプしていた時、「安武さん、英語できるから外国の人お願いします」と可愛い女性従業員から言われ、見栄を張って「任せて下さい」と言ったものの、全く英語が通じず、冷や汗をかきながらサービスしました。

次第に渡米の時期が近まって来ているのを感じ始めました。そろそろ鉄板焼の練習もしないといけないかと考えました。

ヘッドシェフにお願いして、社員の食事の野菜を開いている鉄板で焼かせてもらい始めました。練習を始めて2週間後、シェフがＯＫしてくれました。

土曜日、日曜日のランチタイム限定で、お客様を案内した後、すぐシェフコートに、歌舞伎役者のように早変りして、海老と野菜を焼かせてもらいました。お客様は見ていてびっくりしたと思います。

時々質問があった時はうまく答えられませんでしたが、ジョークで笑わせたり飲み物かアイスクリームをサービスで出して煙に巻きます。「楽しかったです」と女性の方に言われて、ホッとしました。

マネージャー、シェフ達、フロント仲間達の陰ながらの協力があったのでできました。感謝！　サンキュー！

そうこうしているうちに、会社から渡米の日が決まったと連絡がありました。パスポート申請、ビザの面接をしてＯＫ。

全て済ませてから博多に帰り、家族、友達にも挨拶に行きました。

５年は帰らない計画、自己改造が最大の目的なので！　板付飛行場で皆さんとお別れです！　そして東京の知り合いに挨拶して、全て完了です。送別会が終わりました。

気合十分！　九州男児の心意気をアメリカで見せちゃるぞ！

渡米

１９７４年の春、約15人で羽田から渡米しました。

その頃は給油のためアラスカ経由でした。ニューヨークに向けてＧｏＧｏ！

飛行機の中では色々あり、笑いながら賑やかな旅になりました。到着間際に英語の入国審査証を受け取り、ＳＥＸ（自分の性別を書く）を記入する欄がありましたが、その質問に慣れていないみんなは意味がわからず「『好きだ』って書けばいいのじゃないの？」と言って騒いだ記憶があります。

その頃の日本では海外旅行はまだ盛んではなかったので、色々な知識がありませんでした。

やっと、ニューヨークのケネディ国際空港に到着、皆の顔が喜びながらも超緊張していました。

周りは全て外国人。白タク運転手みたいな目がギラギラした何人もの男達が、片言の日本語で近寄って来ました。友達を待っているからとか言って追い払いました。ここまではとりあえずＯＫ！

皆に何も話さないように伝えて荷物はしっかりと監視して「一人で行動しないで」と頼みました。「紅花」から迎えに来る予定でしたが、30分以上経っても誰も来ないのでオフィスに連絡することになり、皆が「安武さん電話お願いします」と自分に頼みました。

「よーし、分かりました！　任せて下さい」さっそうと電話ボックスに入ったものの、25セントコインを入れて、ダイアルを回して「ハロー」

と言いましたが、帰ってきた返事の英語が早すぎて何を言っているかわかりませんでした。

「こりゃ無理バイ」と急いで電話を切り、その後皆が「どうでした?」と聞いてきたので「電話が壊れている」と誤魔化し、隣の電話ボックス(ここを強調しました)から他の人に英語の練習でかけてみるように進め、その場は取り繕いました。

会社からは迎えに行けないので、タクシーでマンハッタンまで来てくれ! とのこと。アメリカに初めて着いた人間に、タクシーを使って移動をさせるなんて信じられないと思いましたが「じゃ、4台に分かれて行きましょう」とみんなに店の名刺を渡し、着いたら玄関で待つことにしました。携帯電話なんかなかった時代のことです。

自分の乗ったタクシー「イエロー・キャブ」は大きいが古く、ドアになぜかヒモが付いていました。よく見るとドアが壊れて閉まらないので紐で括ってあったようです。紐で結んでいましたが、高速道路を走る時はいつドアが空いてしまうかと恐怖で顔が引き攣《つ》りましたが、アメリカンなおもてなしのようにも思えました。

マンハッタンの高層ビルの中の紅花のオフィスは、ペントハウス（ビルの最上階）を全て使って、日本人より外国人が多かったです。

まずニューヨークで何日かトレーニングを受けたのち、新人のシェフの所属する支店への配置が決まるのです。

ロッキー・青木社長が最後に挨拶されて、私がやりたいことや希望の州を聞いてくれました。

「自分は紅花で一番忙しく、厳しい所に行きたいです！」とまたも見栄を張り、いつものように目立つことを言いました！

その後、マンハッタンの紅花で食事をして、ホテルに行きました。ホテルの部屋に入ると鉄格子で囲まれた窓を見て、これがニューヨークかと驚きました。

初日から外国に住む注意などを受け「博多の田舎者は気を引き締めてやらないかんバイ」と気が引き締まる思いでした。

次の日は観光に行きました。しかし余り覚えていません。3日後に希望通りの1番忙しいシカゴにある紅花店に一人で行きました。今度は店の人がラガーディア空港まで送ってくれて、シカゴでも迎えの人が来るので心配しないで良いと言われほっとしました。

嵐の前の静けさ・シカゴ

ついに自己改善、進化、挑戦の旅、最初の仕事の街に着きました。空中からシカゴの街を眺めて、身体中からやる気が溢れてきました。オハラ空港に着き、30分迎えの人を待ちましたが、またもや誰もきていません。

今回は電話のかけ方は既に勉強しているので、店に電話をかけることに成功しましたが、アシスタント・マネージャーが出て「悪い、手配できなかった、タクシーで来てくれないか？」と言われました。「ハイ」

と返事して店まで行って、アシスタントの人と会いましたが、その時には店はお客様が溢れまくってました。

「君アパートの探し方分かる？」と聞かれましたが、「2日前にアメリカに着いたばかりですので、もし誰かヘルプしてくれたら、勿論やれますが」と答えました。でも、「今忙しいので、誰もヘルプできないから地図を渡すから自分でやってくれ。歩いて行ける近くのホテルアパートメントだから、簡単。」と。さらに、「シェフの小林がそこに住んでいるので、聞いてくれ」と言い小林さんを呼んでくれたので、「どうしたらいいか、値段はいくら？」等聞きました。「行き方分かるか？」とアシスタントさんが聞いてくれましたが、忙しいので、最終的にヘルプは誰もしてくれませんでした。

あたりも暗くなったので、早く歩いて行きました。沢山のホームレスが声をかけてきます。ヤバそうなのでトランクを引きながら早歩きしました。

早く明るいうちに着きたい。日本とは違う危険を感じながら、何とか10分後にはホテルアパートに着きました。

カウンターに行って、英語の本片手に「アパートを借りたい、紅花の友達から聞いた」と言うと「オッケー」と言われたので、値段の交渉に入りました。小林さんの家賃より10ドル（当時3000円程）高かったので、「ジャパンから来てまだ仕事を始めてないので、金がないので彼と同じ値段でお願いします。」と知っている単語を並べ立てて、明るく値切り、なんとOKになりました。

人生、何事も諦めないで「ネバー　ギブアップ！」

どんな状態でも積極的に楽しくやれば必ずいいことがありますよ！

住む所も決まりエレベーターに乗り込んだら、急に日本語が聞こえてきました。

「今から斎元チャンの所に私達行くのよ」「あーいいねえー」と話す男女。

えーもしかして、斎元チャンとは自分の知っている人ではないかと思い「すみません、今、斎元チャンと言われましたが、彼は昔銀座の紅花にいた人ですか？」と聞くと「ハイそうですよー、お知り合いですか？」と答えが帰ったので「私の先輩です、じゃ私も一緒に行きます」と言いその男女について行きました。

部屋につきドアが開き、お互い驚き「あー、オー!!」と言葉にならない。

「斎元さん！」「やっちゃん!!」

彼が先にアメリカに行った先輩ですが、紅花以外の店で働いていました。東京でお世話になっていた先輩です。またもや、超ラッキー！

初日の不思議な出来事でした。

次の日は初出勤。

「さー、やるか！」

ギャングで有名なシカゴの朝、アメリカで最初の仕事の日、店に行って挨拶をしました。

さわやかな朝です。キッチンに行き、全米ナンバーワンの総チーフに挨拶して、7人のシェフから言われた通りの仕事をやり、昼食の時間には、店のスタッフ用に鉄板焼きステーキランチを作り、休憩無しで夜の準備をしました。

夜は見学だけ、めちゃくちゃに忙しい、フロントは待ち客の山、山の人だかり。

閉店後、夕食はキッチンの人の仕事が終わり次第、皆で食べます。しかし、皆さんほとんど話しをしません。静か過ぎ、不思議な感じ。夜はバタン、ベットで寝て朝まで記憶がない。そんな慌ただしい1週間が経ちました。

１人の先輩がアパートに誘ってくれました。シェフはモーレツな勢いで働き、節約の鬼、青木社長の母親に信頼されている、しかし人がすぐに辞めて、なかなか人が来ない、定着しない、昔気質、暗い性格の人だと説明がありました。

会った瞬間に直ぐ分かりましたねー。そのシェフにゴマをする３番手のシェフ以外は、皆陰ながら私を応援して助けてくれましたが、こんな暗い職場は初めての人生体験でした。

しかし、元国士舘大の合気道の主将で男らしい紅花のレジェンド・マネージャーの率いるフロントの人達は明るいので救われました。

ある晩、仕事の後シェフ達がピアノバーに誘ってくれましたので参加しました。この時はなぜか珍しくチーフも参加すると言うので、全員は凍りついたそうです。可愛そうな皆さんは、遊びの場でも、またもいつもの職場のような気まずい無言の時が始まりそうで、ビールやウイスキーを飲んでもひたすら静かにしていたので、こらいかんと思い、私は元気づけに「誰か歌われますか？」と言うと、皆無言でクビや手を振るのみ。

「静か過ぎるので、私が歌っていいですか？」と言うと、「オ〜歌えるのか？」「当たり前ですよ！　皆さんが歌わないなら、メドレーで歌いますよ、マイクは独り占めですよ、チーフいいですか？」と聞くと、チーフは声なしで首を縦に振りましたのでＯＫと見なして、自分で司会もしながら歌いました。

日本でその当時一番流行っていた渡哲也の「くちなしの花」を歌い、

高倉健、石原裕次郎、加山雄三、美空ひばり、いしだあゆみ、伊東ゆかりのヒット曲をモノマネも混じえてやりました。受け始めたので、調子に乗ってセリフ入りで10曲くらい歌いました。

俳優の田中邦衛のモノマネ等したら、なんとチーフがかすかに笑いました。初めて彼の楽しそうな笑顔を見ました。皆さんもそれから少しずつ歌い始めました。

良かった!!　楽しく人生やろうぜ！

慌ただしく1ヶ月が過ぎ、仕事にも慣れたので、そろそろシェフに色々なことを尋ねて、お願いもしようと思いました。

それは仕事の時間のことでした。私は新人なので朝9時から休憩なしで夜12時頃まで店にいました。

金、土曜日は翌朝の2時頃まで店にいます。休みは半日営業の日曜日の夜だけで、最初はトレーニングと思いこなしましたが、ちょっとコレはおかしいぞと思いました。仕事の後はシェフの機嫌取りをしながら夕飯を食べ、ほとんどのシェフが飲みたくもないビールを飲み、チーフに付き合います。

楽しい話もなく飲んで遅くなるのです。こんな条件の職場は今の言葉で言えば「ブラック企業」でしょうか？

ある日夕食が終わり、ちょっと想像したアメリカの生活と違い過ぎたので、チーフに「質問とお願いがあります」と伝えました。皆さんはなんと大胆なことを言うのかと、ビックリしていました！

まず朝が早いので、仕事の後にビールを飲むのは参加しないで早く帰りたい、それと昼の休憩時間が必要、他の先輩達はあるのに、新人の自分と小林さんはないので、みんなと同じ条件にしてもらいたいことを伝えました。

２つのことはＯＫされましたが、３番手のシェフが「余り調子に乗ったら仕事辞めてもらうぞ」と脅しながら言ったので、「どういう意味ですか？」と聞き返しました。「紅花をクビになると永住権のないお前は仕事がなくなり困るということだ」と言われました。

私はすぐ「アー良いですよ、既に３軒のシカゴの寿司屋さんから紅花辞めたらここで手伝ってと言われていますから」と答えました。

これはハッタリではなく、実際に休みの日に他の店で飲み食いして、寿司の板前の経験があることを話したら、その店で寿司シェフになってくれと頼まれたことが何回かあったからです。

「あなたではなくチーフがそれを望むなら、今でも辞めますよ」と言うと、チーフは「マーマー、今日はここまで、明日また」ということで話しは終わりました。

とりあえずの間！　毎週色々なことがあり、面白い時を過ごしていました。

ある夜の仕事中、客をサーブしている途中で時間が空いたので、キッチンに料理中の社食の肉ジャガを混ぜに行きました、
その時、国士舘出のマネージャーの大声が。

「オラ、オラ！　誰だ、あのテーブルの担当は？」と怒鳴られたので「私です」と答えました。

「お前、お客さんほったらかして何をしているのか？」

「ハイ、賄いの肉ジャガを混ぜに来ました」

「オラ、お客さんと賄いのどちらが大事か？」

「勿論お客さんが大事ですが、激しく働く従業員の賄いも大事です！」

と、合気道でドカーンと投げ飛ばされる覚悟で言い返しました。

しかし「ＯＫ、すぐ焼きに行け」で終わりました。

周りの人は生意気な私が上の人と騒動を起こさないかとビビりまくってましたが、仕事と真面目に向き合い、本当のことを言う私には口うるさい人たちも大目に見てくれ、喧嘩にはならなかったようです。

仕事の内容は改善したものの忙しさは相変わらず一緒で、2ヶ月後には体調を壊して病院に行くことになり、仕事を2日休むことになったのですが、仕事に戻ると3番手が「仮病じゃないのか?」と言いました。

今度ばかりは我慢ができず「今から辞めます。仮病と言われてやる気を完全になくしました」と言いました。部屋に帰り、ロッキー・青木社長に手紙を書き、現状を説明し、改善されなければ他の紅花の店に行きたいと伝えました。数日後にアシスタントマネージャーが話を聞きに来てくれて、全て話しました。

仲良くなったチーフからも、シカゴの秋は寒いのでこれをプレゼントするとコートをプレゼントされるくらいになったけれど、「明日マネージャーに伝えて、3年間は契約の約束を守って、他の紅花店で働かせていただきます。今まで色々ありがとうございました」とお礼を述べました。

翌日、チーフに頂いた冬のコートを返し、マネージャーと話をしました。まずはニューヨークの店で働き、その後マネージャーが新規オープンするメリーランド州のベセスダ店に配置してくれました。

怖いけど、優しい人なのです。マー、そんな感じで、晴ればれとした気持ちで新しい街に移動します。

アパートの斎元ちゃん達にもお礼を言って、お別れ会をしました。

紅花ベセスダ店へ

ニューヨークでは色々皆さんに教わり勉強になりました。

そして、10月にワシントンＤＣの空港に着き、新たな挑戦が始まります。

風の噂で、私が辞めた後、シカゴの店はシェフが半分ほど辞め、なんと3番手のシェフも辞めたことを知りました。

メリーランド州の店はまだ開店していなかったので、モーテルに泊まって、アパートを探し始めました。

メリーランド州の小川シェフ夫妻は大変優しく面倒見がいい人で、気楽に楽しく過ごさせていただきました。お二人とは帰国された現在でも家族ぐるみで付き合っています。彼らの家族がアメリカに来た時は我が家に泊まってもらい、また私たちが日本に行く時も泊まらせてもらったり、大変お世話になっています。

メリーランドのベセスダ店の開店準備が始まりました。シカゴで一緒だったスティーブ・小林君も参加し、その後、銀座の仲間の清水君、日本から未経験だったミッキーさんも後から来て、一緒の店で働くことになりました。シカゴにいた武闘派マネージャーも参加し、ベセスダ店は知り合いの多く和気藹々《あいあい》とした職場になりました。自分のアパートが見つかるまで、マネージャーが彼のアパートの部屋を貸してくれました。家賃はいらないと言われて、びっくりしました。

私は朝早く起きて二人の朝食、夜はおつまみを作りお礼をしました。約1ヶ月お世話になり、シェフと同じアパートに一人部屋を借り、自

ベセスダ紅花のシェフ達（真ん中の黄色い帽子が著者）

分の小さな城を持てました。

いつもチーフ夫妻が気を使ってくれ、快適な生活を送ることができました。

仕事も私生活も基盤ができたので、さらに生活を充実するために彼女探しに入りました。休みの日は日本レストランに食べに行き、そこで働いている同年代の人を探しましたが、すぐには見つかりませんでした。私が猛アタックしていた女性のお嬢さんが約20年後に自分の店で働いてくれていたことが後になって分かり、驚いたことがあります。その昔の憧れの女性は私がアタックしていたということに気が付かなかったようですが、現在では親子で我が家の新年会に毎年出席してくれています。人生の出会いとは不思議なものです。

人生の不思議な出会いといえば、もう一つあります。

それはこの頃に久家さんという方の家で開いていたポーカー・パーティに参加していた中国人の弁護士がいましたが、彼のおかげで、後に自分が巻き込まれた商売上のトラブルで有利になったという出来事です。今から8年前に自分の店を中国人の男性に貸し、その人が自分を訴えかけたのです。訴訟になりかけた時、お互いの弁護士を連れて話し合いになったのですが、相手の弁護士はなんと昔のポーカー仲間の中国人だったのです！

その弁護士は「君はミスター・久家の友達じゃないか？」とすぐ自分のことがわかったようで「そうです」と答えました。私も、久家さんと一緒にポーカーをした時の中国人だということに気づきました。その後、彼は優しい眼差しで自分に接し、自分たちの提案した解決策の書類に「これは大丈夫だ、サインしなさい」と自分たちを訴えかけていた依頼人に言いました。そのおかげで話がスムーズに進み、無事和解となりました。若い時に遊んでいたポーカーがこんな時に役に立つとは意外でした。自分は相手の弁護士さんにサンキューの心を込めて目で合図して手を振りました。

1976年はアメリカで働き始めて3年目になるので貯金もでき、そのお金で両親を西海岸に招待しようと、ロスアンジェルス、サンフランシスコの旅を計画しました。その頃自分には毎週一度電話を掛け合っている女性がいました。紅花銀座時代の同期で、その時はカナダの勤務でした。

両親を西海岸に招待しているという話をすると羨ましがっていたので、「タイミングが合えばあなたも一緒に来る?」と声をかけたら大変喜んでくれたので、両親と彼女との合流も計画に入れました。

しかしその直後、新しい女性（今の妻）との出会いがあり「サンフランシスコとロスに両親を招待した」と口を滑らせたら「私の友達がサンフランシスコにいるのよ、いいなー」と言われたのですが、すでにカナダの女性を誘っていたので聞かないふりをしていました。

しかしある時、「いつ西海岸に行くの？」と聞かれたので、つい口が滑り、「じゃサンフランシスコで会おう。君は友達の所へ泊まり、自分は両親と一緒にホテルに泊まる」と言ってしまいました。その後、別々の女性と約束してしまった情けない自分を責めましたが、はっきり約束をした後の方の女性を連れて行くことになり、カナダの女性との連絡を逃げ切りました。

その後、風の噂で、連絡を取らなくなった女性はバンクーバーに移動したと聞き、探して謝ろうと思いましたが見つかりませんでした。

すみません！

そして結婚

変なタイミングで一緒にサンフランシスコに行くことになったこの女性とは、のちに結婚することになったのですが、やはり彼女との出会いも奇妙なものでした。

私の職場の同僚が独身の男女3人を集めて遊びに行く計画をしていたのですが、それに招待されていない自分は、招かれていた男性が仕事でいけないと知ると、休みを取り、強引に参加させてもらいました。後に嫁に聞くと、強引に参加してきた自分は彼女のタイプではないし、こんな人のために学校まで休んできたことに不満を持っていたそうです。主催した女性もまた、自分のことが大嫌いだと後から分かりましたが、そんなこととは知らず、はしゃぎまくっていました。

私はそこに参加したもう一人の独身女性は気に入らなかったので、今の嫁に電話をかけ続けて、ついにデートに成功しました。そして後に自分たちが付き合っていることを知ったその同僚は嫁に「あんな人と付き合うのなら絶交する」と言ったと聞いて、その頃の自分には人徳がなかったと思い知りました。付き合って結婚の話が出るようになった時、京都の彼女のお母さんがワシントンに来たので町を案内しました。

その後京都に帰ったお母さんは、私のことが気に入らず、何回も国際電話で「絶対あの人と結婚したらいかん」と、連絡していたみたいでした。その後電話代は、20万円位使い反対していたとのこと。その時の国際電話は高くてお母さんには悪いことをしたと思いました。

ところが、アメリカにいる彼女の叔母とは自分はレストランをやりたいと言ったら即気が合い、叔母さんから結婚OKとなり、その年の暮れに結婚することになりました。貯金は開店資金に残さなければいけないので、結婚式は行きつけの中華料理屋を借し切りし、知り合いを集めただけの質素なパーティだけにしました。

それでも、椿山荘で働いていた同僚の清水君が司会を引き受けてくれ、招待もしていない知り合いが参加したりして、愉快で若い自分たちに

結婚パーティ、嫁さん（右から２番目）と、仲人役の紅花のチーフ夫妻（右端と左端）

とっては十分に満足のいく結婚式となりました。

開店資金を貯めることを最優先に考えていましたので日本からも誰も来ないでくれと伝えていました。しかし、その後お祝い金が日本のあちらこちらから届き、あっという間に開店資金は貯まりました。

3章　7つの仕事を持つ男

開店準備

１９７８年、そろそろ開店資金も貯まり来年は30歳になるので店をオープンする準備に入りました。最初は日本で店を持つ予定でしたが、ハワイもいいのではないかと思いました。しかし、メリーランド州のベセスダで結婚したので、嫁の叔母の示唆もあり地元で店を開くことに決まりました。

私達が住んでいるアパートの近くに手頃な店が売りに出ていて、気に入ったので仮契約をしました。厳しいメリーランド州の法律によると、その店ではビールは売れるが、ウイスキーなどのアルコール度の強い酒の許可はない店でしたので、ウイスキーが売れるなら店を買うという条件を入れておきました。

契約書を交わす段階で不動産屋は大丈夫でしょうと言っていたので、勤めていた紅花に1ヶ月以上前から辞める手続きを始め、日本から寿司桶などアメリカで手に入りにくい調理道具なども送ってもらう準備をしていました。アメリカで仕事を辞める時は最低でも2週間前に言うのが礼儀とされているのですが、長年勤めた職場なので1ヶ月以上前に退職願を出しました。

しかし、結果的に店を買うことはできませんでした。その時の自分はまだメリーランドの酒類販売法などの知識が低く、自分の希望に固執してたのと、マー最大の失敗の理由はアメリカで起業する為の基本的な勉強不足だと思います。（郷に入っては郷に従え）　反省します。

マー坊の思い出

店を買うのに失敗した話を聞いたマネージャー、チーフシェフや仲間達が「もう少しだけまた紅花に戻らないか」と言ってくれましたが、私は子供の頃から一度決めたら後戻りしないという生き方を貫いてきましたので、丁寧にお断りしました。サンキュー仲間達、ほんとに優しい仲間達に恵まれていました。

店を開けると聞きつけて、紅花に勤めていた同僚の佐藤君（マー坊）は仕事を辞めて自分の店に勤めたいと応援に来てくれていたのですが、開店しないので、まずは彼の職探しから始めました。マー坊は気のいい男ですが、気が短く喧嘩好きで単純な男でした。残念ながらマー坊は何年か前に病死してしまいましたが、この本を書くにあたり、破天荒な彼の紹介になるので、それでもいいかと山梨の妹さんにお願いに行ったところ、逆に喜んでもらえ、「本ができたら仏前に供えます」と言ってもらいました。

彼が仕事を辞めて私のアパートに1ヶ月ほどいた時の彼のエピソードがいくつかあります。

・車を修理に持って行き「修理をしてもらえるか」と聞いたら「どうぞお好きに」と言われ、馬鹿にされたと思い怒り、担当者のテーブルにナイフを突き刺したそうです。あとで「英語でなんと聞いたの？」と聞くと、彼は　Can I fix my car?（自分で直してもいいか？

の意味）と聞いたと言いました。そこでみんなは大笑い。それはお好きにどうぞと言われても仕方がないよ、ナイフを出して脅して警察に捕まらなかっただけでもラッキーだったとゾッとしました。

• 真夜中にワシントンDCの治安の悪い場所に遊びに行き、ある男から銃を突きつけられ「金を出せ」と脅かされたが、マー坊は隙を見つけて、足で銃を蹴り上げて銃を取り、逃げる男の後ろから銃を乱射したそうです。まっ青な顔をして帰宅したのでなにが起こったのか聞いてみましたが、その銃弾が犯人に当たっていたらマー坊は殺人犯になるところでした。

マー坊（左）と食事

•マー坊が働いている店で金がなくなり、彼が疑われました。何回かポリスから尋問を受け、彼は反抗的で態度も悪いので、逮捕寸前まで来ていると私に相談が来たのです。そこで知り合いの弁護士に連絡して「嘘発見器にかけ、嘘をついていないと結果が出たら罪に問わない」という条件で話をつけました。もちろんマー坊は正直な人ですので簡単に「嘘をついていない」という結果が出て、無罪放免となりました。

彼は単純でよく喧嘩をしましたが、正義感が強く、良い部分もありましたので応援していましたが、その後山梨に帰り実家のぶどう畑で仕事をしていましたが、早い時期に亡くなりました。

何年か前に娘さんと妹さんに会いに山梨に行き、懐かしい話で盛り上がりました。マー坊の妹さんの旦那は昔、紅花で働いていた山梨からの大の親友、武井君です。いつも彼を支えていました。

7つの仕事

店を開けるつもりで仕事を辞めた私は、店が買えなかったので、次の店を買うまでアルバイトをしながら開店準備をすることにしました。

仕事1：キッチン・ヘルパー

最初はアメリカのレストランのことを学ぼうとレストランのキッチン・ヘルパーの仕事に応募しました。英語が分からないので皿洗いだけしかさせてもらえず、バイト代も安すぎて腹が立ち、2日で辞めました。

仕事2：店先を借りて寿司を売る

その後ハワイ出身の親父さんの「ハナ日本食料品店」からも、「土、日にうちの店で寿司を売ってくれないか？」と言われました。「家賃はいくらですか」と尋ねたら「何もいらない」と言われました。

その夫妻の店では、時々ケータリングがある時に材料を買っていました。その時には親父さんに私の作ったものを持って行き、家族のような感じで夫妻に接していたので、嬉しかったのかなと思います。

仕事3：料理教室

生活費が足りなくなったので、私のアパートで、奥さん連中を集めて日本食の料理教室をやることを思いつきました。最初は参加者がなく、嫁さんと私の友達に頼み、さくらとして参加してもらい、参加者が増えるのを待ちました。

参加費は二十ドルでしたが、その当時の日本食レストランで食事をすると一食十五ドルくらい費用がかかるので、材料費込みで二十ドルは悪くはありませんでした。しかも、手八丁口八丁の若いシェフが面白おかしく料理の指導をしてくれ、その後みんなの作ったものを食べ、残った材料でお土産まで付けてくれるというので、口コミでどんどん生徒が増え、後にはクラスを2部に分けました。

参加者の集めてくれるグループの出張教室も頼まれるようになりました。出張した時は予想していなかったガソリン代とチップまでいただき嬉しかったことを覚えています。女流作家息子夫妻の自宅で寿司バーを依頼されて以来、アメリカ人からも依頼が来ました。

仕事4：幕の内弁当の注文と配達

料理教室関係より口コミで弁当の配達も依頼されました。

最初の依頼主はまずどんな人が弁当を作るのか、どんな料理ができるのかと心配だったようで、開口一番に「先生はどんな料理の経験がおありになるのでしょうか？」と聞かれたので、「料理の経験は長いが、特別な資格はありません」と正直に答え、「まずは料理教室に来てみてください」と付け加えました。いつもは強気な私ですが、この時ばかりは「資格がいるのかな？」と少し心配になりました。

ところが、その人がいったん参加すると参加者が一緒に楽しく食事ができて、お土産まで付くという料理教室が気に入ったのか、その後も参加者となり、幕の内弁当も無条件で注文してくれました。その後も話を聞いた日本人以外の方からも注文が続き、経済的にもずいぶん助かりました。

ある時はホームパーティの弁当注文を配達した夜に帰れないほど大雪が降り、その家に泊めてもらったこともありました。もちろん他のお客様も帰れず、夜中まで続いた延長パーティにも参加させていただきました。

仕事5：出張寿司バー

ある日、料理教室に参加していただいた方からホームパーティの出張寿司バーができるかと聞かれました。今から考えれば、その頃はワシントンDC界隈には日本食のレストランが3、4件しかなく、出張サービスをしている店はなかったので、フリーランスの寿司職人という立場はとても貴重だったのでしょう。私も個人的にそんなことをした経験はありませんでしたが、今までしてきた料理教室が数倍大きくなったと思えばなんのことはないと引き受けとても喜ばれました。出張寿司屋は評判が良く、他の注文もどんどん受けました。ある時はその準備のため自分のアパートでいなり寿司を徹夜で200個作ったこともありました。

仕事6：ありがたかった日本大使館でのアルバイト

少ない日本料理店のうちの一つ「みかど」のオーナーの岩井さんという方から「大使館で寿司を作ってくれる人を探しているが、どうかね？」というお話をいただきました。その頃の日本大使館にはフランス料理のシェフはいましたが、日本食のシェフはいませんでした。とても景気の良い時で大使館ではさまざまなパーティが催されていました。大使館のシェフにも可愛いがっていただき、毎回色々な残り物をいただきました。大使のパーティーは沢山の物を準備するので必ず材料が余ります。ある時はロブスターで爪（爪の部分はその料理には使わなかった）を大型ドラム缶１杯いただき、仕事帰りに紅花の仲間達に配り非常に喜ばれました！　ワインも時々いただき、そして多額のバイト代を払って下さいました。

仕事７：リムジン運転手

その後、新しく始めたばかりのリムジン会社から電話があり、手伝って下さいと言われ運転手のバイトをすることになりました。最初の給料日に、夫妻から申し訳なさそうに「まだお客様（日本の会社や大使館）から支払いをいただいてないので、待ってくれませんか？」と言われました。日本の組織は1～3ヵ月後払いでしたので、始めたばかりのリムジン会社は大変だと推察して「いつでも払える時でいいです、他の人を優先してあげて下さい」と伝えました。大変喜んでくれて可愛がられました。

他のリムジン会社からも仕事の依頼がありましたが、厳しい状況の中お世話になった会社を応援したかったので断りました。

運転手の仕事で客を待つ間の自由時間は、自分の店を出すところはどんなところがいいかなどの立地条件を調べるために、その付近をドライブして、その後その資料が非常に役に立ちました。江口社長、余分なガソリン代、ごめんなさい！

定職がなかったこの開店準備時期には、色々な経験と多くの方たちとの出会いがありました。今考えてみると、その時の経験と、多くの方との出会いが開店後に大変役に立ったことがわかります。

また、その間に続けていた店の物件探しで経験した「言われたことを全部信じないで、自分で調べて判断する」という体験も、その後店を増やす時にいい教訓となりました。また、どんな小さな仕事でも全力を尽くしてこなしていれば信頼を得て、いつか必ず良いことがあると学びました。日本での板前修行時代に比べると、この頃の私は少しは成長したようです。

4章　「松葉」アメリカで1号店、2号店、3号店

1号店

1979年春、30歳で念願の自分の店「松葉」をオープンしました。ヴァージニア州のアーリントンという街で小さなタイ料理の店を居抜きで安く買い、落ち着いてから少しずつ改装する計画でした。

まずは大掃除を済ませ、役所に行き全てのライセンスを取得し、飾り気のない質素な店でスタートを切りました。オープンも間近になり「さて従業員とミーティングするか」と嫁さんに言いましたが、その時は私達二人だけで、従業員が一人もいなかったことに気がつきました。

サービススタッフは大急ぎで昔の仲間達にお願いして何とか揃いました。キッチンスタッフがいなかったので皿洗いだけを雇い、最初の1ケ月は自分が一人で食事を作りました。天ぷらも寿司のオーダーも一緒にキッチンで作りました。冷蔵庫も小さく、全ての材料が入らなかったので、近くのアパートの自宅の冷蔵庫に入れ、忙しくなると材料を自宅まで取りに行きました。

寿司食べ放題

開店当時は宣伝もしなかったので、せめて日本人の客を確保するために特別イベントとして「寿司食べ放題」を計画しました。今から45年前の話ですので、ワシントンDC界隈には寿司が食べられる店は5、6店しかなく、それも「食べ放題」はどの店でもやっておらず、想像を上回る数の客が押し寄せました。50席の松葉は開店10分後には満席となり入口は鍵をかけ、ドアには「満席のため一時閉店」のお詫びのお知らせを貼りました。

ニュースを聞きつけてきていただいたお客様の中には、閉まったドアをドンドン叩く人も。「開けなさい、開けなければパパに頼んでこんな店、2度と商売ができないようにしてあげるわよ」と訳のわからないことを叫んで怒るお客様もありました。

寿司を作るシェフは私一人しか配置していなかったので、あっという間に寿司が売り切れ、カウンターの中でてんてこ舞いをしていた自分がふと気づくと、知らない人が2、3人入って勝手に寿司を作って食べていました。もちろんその人は寿司など作ったことがないらしく、みるとおにぎりのような寿司でした。食べ物が間に合わないので、若いサーバーさんに頼んで、客の機嫌をとって食べ物の代わりに酒などをすすめるようにお願いして、その場を切り抜けました。

そんな型破りの雰囲気の店が受けたのか、その後は口コミで客がどんどん増えました。席が満員になっても、レジの横に立って「ここでいいから食事をさせてくれ」という風変わりな人もいました。それ以来そのお客様は立ち食いの気楽さが気に入って、普通の席が空いている時でも立って食べていました。

ビッグな常連客

アーリントンには品のいいアメリカ人の男性がカウンターにちょく

ちょく来てくれました。いつも同じ席に座り、毎回同じもの（メニューの中で一番安い並寿司に味噌汁と白いご飯）を注文する不思議な客でした。彼の名前はライアンと言い、一緒に来る人達もうちの店に来る客たちとは違った雰囲気なので、一体この人たちは何者だろうと思っていました。

ある時「安武さん、今度私の勤めているホワイト・ハウスに招待しますが、来ていただけますか？」という質問を受け、腰が抜けるくらい驚きました。ワシントンＤＣのホワイト・ハウスは大統領の家やオフィスのあるところです。観光で外から見ることはできるが、まさか私のようなものが入れるというのはどういうことなのだろう、中に入って何をするのだろう、どんな洋服を着ていけばいいのだろう。疑問でいっぱいでしたが「はい、お願いします」と答えました。

その当日になり、嫁さんと二人で一番いい服を着て出かけました。言われた通り、ホワイト・ハウスのゲートに着くと「ライアンさんから招待を受けた安武と申します」と警備員に伝えました。その警備員は自分たちの車を怪訝そうに調べるように見ていましたが、アルバイトの学生から五百ドルで買ったボロボロのワゴン車なので肩身の狭い思いでした。精一杯オシャレをしたつもりでしたが、一流のお客しか来ないホワイトハウスでは多分自分たちを「ボロボロの車に乗った身なりの卑しい東洋人」と見ているのだろうなと、勝手に想像していました。でも、ライアンさんの招待ですと彼からもらった名刺を見せたら、敬礼されて、オッケーと言われました。これがアメリカの面白いところです。

中に入るとライアンさんが出てきて、ホワイト・ハウスの中を案内してくれて、ホワイトハウスにある、海兵隊がサービスする食堂で一緒にランチを頂きました。かなり緊張していたので何を食べて、飲んだかは全く思い出せません。

あとで分かったことですが、ライアンさんはレーガン大統領夫妻の最高秘書官だったのです。それは大統領の葬式を彼が指揮していたのをテレビで見て初めて知りました。そんな自慢話を彼は何もしませんでしたが。自分が松葉を引退している今でも毎年、家族の写真入りのクリスマスカードを送ってくれています。

ワシントンＤＣ地区にいると色々な有名人や政治家に会え、貴重な体験ができました。その頃は日本食の店は少なく、私のような調理技術のないものが経営する店でもありがたがられ、ラッキーなアメリカ人生を過ごさせていただき感謝しています。

愉快な従業員

八王子から来ていた市村貞平君、アメリカ人で日本語が話せるＪＯＭＯ君、南アメリカから来たラモンさんなど個性豊かな若い人が集まりました。貞平君はプロレス・ファンの愉快な若者でした。賄いを食べている時などよくプロレスの話しをしていて、ブリティシュ・ブルドッグス（１９７８年ごろに活躍していたプロレスのチーム）の話題が出るとなぜか突然食べ物を吹き出していました。

みんなには優しい市村くんはなぜかラモンとだけ仲が悪く、ラモンから市村君への苦情の電話がかかってきていました。２年ごとの東京での松葉同窓会をやる時は、彼と彼の家族が参加してくれています。桃子さん、ことねさん、亮太くん、奥さんの真由美さん達です。サンキュー！　また、近いうちに会いましょう。

２号店メリーランド州ベセスダ

そろそろ１号店も落ち着いてきたので、２軒目をベセスダ地区にオープンする準備を始めました。人も揃えて、場所探しを不動産に頼んだら、小さいデリの店を紹介されました。家賃も安く、土地は十分あり気に入った場所を見つけたので、以前勤めていた紅花のお客様だった弁護士のクレイグさんのアドバイスを受け契約しました。

ところが、改造に入り、開店許可を得るための検査段階で大問題が発生しました。構造上のいくつかの違反が発見され、改善しなければ店はレストランとしては開けられない、今の状態では店を開ける準備でも店内に入るのは禁止と、すぐ立ち入り禁止のテープが貼られました。昔のレストランのオーナーはそれを隠してあたかも営業しているかのように見せかけ、その店を私たちに貸したのでした。「騙された！」と目の前が真っ暗になり途方に暮れました。

騙した店の大家さんと、騙された自分への両方に対する怒りで店の2階の壁を蹴飛ばしたら、なんと簡単に大きな穴が開きました。そうだ、この壁を取り払い大きなダイニングルームを作れば構造上の違反が改善されるかもしれないとアイデアが沸き、その改造計画を持って再び開店許可を申請したら、なんとＯＫが出ました。

「でも、どうやってその改造費を払えばいいのだろう」と弁護士のクレイグさんに相談したら「大家を訴えてその改造費を払ってもらえばいい」という返事が来ました。実はその訴えようとしている大家さんのマーンさんもまた弁護士で、クレイグさんの弁護士仲間だったということを聞き、アメリカでは仕事のことなら昔の仲間まで訴えるのかと驚きましたが、実は訴えると提案するだけでいいということで、あっさり「訴えないでくれ、改造費は払う」という返事が来てめでたく和解しました。

一難去ってまた一難、開店後数ヶ月は全くお客さんが来てくれません。

従業員からは「この店は一生はやらないと思います」と泣き事も出ましたが「やり方がこの町の人達に合ってないなら、新しい方法を考えて、流行るまで試しましょう」と伝えました。

そして、この店のあるベセスダという街は全米でもトップクラスの金持ちが住んでいる所なので、一号店と同じ庶民的やり方では通用しないから「新しいメニューを試してサービスのやり方も変えてネバー・ギブアップの精神でやって下さい」と頼みました。

2号店も繁盛店に

半年後には、いつの間にか2号店も繁盛店となっていました。小さな

50席の店が何と週末には夜だけで3～4回転する忙しい店に変わりました。人手も忙しくなるにつれて集まりました。博多から、甥の徳明君が来てくれました。今はハワイに住んでいますが、硬派のヒロ君も博多から来てくれました。

高校時代の親友、今泉の3人の子供達も来てくれ、働いてくれました。最初は長男の太、次は卓也、そして娘のマキちゃん。女性はアメリカでは危険なので断り続けていましたが、無理やり送り込んできました。彼女はずば抜けたコミュニケーション能力のある子で、英語ができなくてもスマイルで全て片付けました。マキちゃんは笑い上戸で、いつも「餅を喰う時は笑わないでね、喉に詰まるケン、やばいよ」と冗談でアドバイス。博多に帰るときは会い、松葉の思い出話で盛り上がります。

「君達への安い賃金のお陰で昔は儲けたが、君達が辞めた後、すぐ経営は傾いた。本当にすまないことをしました」と見え見えの心にも無い反省話をしたら、超盛り上がります。

店は客数も増え、人手も整ったので約30席を増やしました。色々個性的なスタッフが集まり、ますます忙しくなりました。毎年スタッフとその家族を招き感謝の気持ちをあらわす1、2号店の合同パーティを開きました。そのほかにバスを貸し切り日帰りのバス・ツアーも毎年欠かしませんでした。従業員がいてこそ店が成り立つという感謝の気持ちが伝わっているのか、みんな長く勤めてくれました。

宇治先輩

ワシントン近郊に店を出していると、土地柄かそのお陰で有名人の客がよく訪れることがありました。

私のシェフ時代（紅花）の大先輩で「You know?（わかっているだろう？）」が口癖の宇治さんがなんと、世界的に有名な日本のゴルフ・プロを連れて食事に来てくれたのです。宇治さんはアメリカから日本に帰り、その後全米オープンの実況放送に関わる仕事でそのゴルファーと共にワシントンに来ていました。私はそのプロ・ゴルファーとは以前も他の和食のレストランで会ったことがありました。

その時は酒が進み、冗談混じりで彼に「世界のプロゴルファーが、なんぼのモンジャ、私の記録的な桜島ショット（作り話）には勝てないと

紅花時代にゴルフを楽しむ著者（右）と宇治さん（左）

思う」と言うと、彼もまたふざけて「有名なプロに向かって失礼だ、いますぐこの店の包丁で腹を切れ！」と返してきました。さて、困った私は「世界のゴルフプロが皆の前でそんなことを言ったのは記録に残るバイ、止めるなら今のうちタイ」と返しましたが誰も止める気配がないので、私はさらに困り「あなたにはまだ世界で活躍してもらいたいので腹は切らない」と終わりました。

そんな気さくなその有名人は、私の店に来てくれた時も、自分から進んでビールを注いでくれたり記念写真を撮らせてくれたりして、忘れられない思い出になりました。

私の店は高級店でもなければ、それほど大した料理も出さない店ですが、宇治先輩のおかげで楽しませていただき感謝しています。

現在、宇治さんはブロードウェイのミュージカルやコンサートなどのイベントを企画する仕事をされています。

2号店の土地を手に入れる

ある日、大家のマーン夫妻が、テキサス州に引退引っ越しをするので店の土地を買わないか、と言ってきました。

自分はいつか自分の土地を購入して店を出したいと思っていましたからまさしく千載一遇のチャンスでしたが、金銭的にはまだ余裕がありませんでしたので「少し考えさせて下さい」と伝え帰りました。会計係の嫁さんは金の余裕がないので反対でしたが、私はこの場所は必ず繁栄する良い場所だから、今無理でも、リスクを取り勝負したいと会計士と弁護士のクレイグさんに連絡して意見を聞きました。クレイグさんは、最初の頃から「ここは将来的には素晴らしい場所になる」と言われたこともあり、無理して買うことにしました。頭金だけ払い、残りは大家さんのマーンさんから個人的なローンを受けました。今まで家賃支払いが一度も滞ったことがないのでとても信用してくれ、オッケーが出ました。
サンキュー　マーン夫妻！

3号店　ヴァージニア州、ロズリン

そうこうしているうちに、まだみんなが若いので、2年後に3軒目として新しい店を出すことに決まりました。

今度はまだ誰もやってないような店をやろうと決め、ロケーションを探して、ワシントンDCに近いロズリンに貸店舗を見つけました。映画「エクソシスト」で有名なジョージ・タウン大学はワシントンとバージニア州をつなぐキー・ブリッジを挟んで反対側、ワシントンDCにも近いので、新しい挑戦にはいいかなと思い店を借りました。

しかし、そこはオフィス街なので夜は無人の街になる場所でした。メニューも先走り過ぎてウケなく、苦し紛れに突然、ロス・アンジェルスに見学に行って流行を学びに行くことにしました。次の週に、昔松葉で働いていて、店を出していた瀬川君とほかに2人のシェフを連れて1週間食べ歩きの旅に行きました。サンタモニカのホテルを基点にして流行っている店を2人1組に分かれ、昼から夜までたくさんの店に入り食べまくりました。そしてある日、街を歩いていたら、異常な数の人が外に並んで待っている店を見つけました。これは何の店だ、ぜひ見てみようとその時はすでに満腹の状態だけど、ここだけは外せないと長い時間待ちに待って入りました。そこはその頃には少ないビュッフェ・スタイルの店でした。次の日二人のシェフも連れて同じ店に昼と夜を食べに行き、自分たちの店もこのスタイルでやりたいと、皆の意見を聞きました。良いじゃないかとなり、その場で決めました。

翌日は観光をしてゆるりと楽しみ、帰りました。素晴らしい旅でした。男だけの色気のない旅でしたが、随分と人生の糧になったと思います。どんな状況でも楽しく、自分の好きなことを常に積極的に、仲間達と諦めずに、やり方を変えてやり続ければ何とかなる、とこの時また学びました。

次の朝から3号店のスタッフを集めてミーティングを行い、色々な意見を戦わせ、まずやることにしました。ワシントンDC近郊で初の寿司と日本食の食べ放題は予想通りあたり、あっという間に繁盛店となりました。

忙しくなり新たなスタッフが加わりました。

2号店に働いていたナイス・ルッキングのラオス人寿司シェフ、アルーン君がチーフになり、新たに中国で2級厨師だったチェンさんが加わって、予想以上の素晴らしい料理を出すようになりました。お客さんもスタッフ達も楽しそうにしていて、アー、ビュッフェをやって良かったと思いました。

活躍をしてくれたアルーン君には感謝の意味を込めて、日本文化を見てもらおうと東京、京都の12日間の日本旅に招待しました。

しかし、アルーンは日本旅行に招待した何年か後に、沢山の仲間達の祈りも届かず天国へ旅立ちました。最高の人格と、的を射た接客の技術を持つアルーンが30代の若さで天国へ行ってしまいました。あとで彼の

２号店ではワシントン初の回転寿司を取り入れ大繁盛

奥さんから聞いたことですが、日本旅行が忘れられない思い出になったと喜んでくれていたそうです。

5章　日本寿司組合 ワシントン支部

まず、ワシントンで団結

ようやく3号店も軌道に乗り始めたので、タコグリルを経営する瀬川さんに、レストランを経営する仲間を集め経営や人生について勉強会を始めないかと提案しました。始めは瀬川君と二人だけで始め、その後ワシントンのレストランの知り合いに声を掛け、参加者が10人ほど集まりましたが、仕事が終わった後の真夜中にやるので、時間的に厳しく多くの人が辞めてしまいました。

ある時新しく日本レストランを開けた山崎さんという人が私達の勉強会の話を聞き参加してくれました。ワシントンに住む妹さん夫婦と共同でレストランを経営するために新潟から渡米したそうです。その後、与作の近藤さんが加わり、4人で勉強会が始まり「ワシントン寿司組合」

を結成しました。会長は山崎さんです。

山崎さん

「ワスントン（新潟弁でワシントン）のことをみんなから習いたい」と言った山崎さんは、45歳で渡米して言葉は新潟弁、英語は全くダメ。しかし知恵と行動力の塊のような人でした。

最初の勉強会で私が先頭に立ち勉強会をはじめましたが、そのうちすぐ、山崎さんの日本での経歴や考えを聞くうち人生のことはこちらが彼から学ばねばと思い「次回からは山崎さんが経営の話を色々教えてください」と頼みました。

彼は日本で、コンビニをはじめ色々な商売の経験のある頭脳明晰で立派な人生観のある人でした。

彼の奥さんの実家は料理屋さんで自信があるのか「ワタスがいずれワスントン一の日本レストランを作ります」と言って皆を驚かせました。その時は「なんば言いようとか」と腹の中で思っていましたが、その後何年か後には、何とその言葉の通りになったのです。

今では山崎さんは亡くなられて寂しくなりましたが、商売や人生、また遊びについて学ばせていただきました。

日本寿司協会に参加

ワシントンは毎年4月に160万人以上の人が参加する大規模な全米桜祭りというお祭りがあります。そのお祭りに毎年日本の寿司組合の人達がボランティアで参加して、桜の女王を祝うイベントで寿司を握っているから、自分たちもそれに参加して色々学ぼうという山崎会長の提案で、1986年から桜祭りイベントに参加して、元森会長率いる全寿司連の約30人と一緒に交流して学びました。彼等もワシントン寿司組合と合流できて大変喜んでくれました。それから1年後にはワシントン寿司組合は全寿司連のワシントン支部となりました。

日本寿司組合と、そのワシントン支部の交流はその後も盛んで、いろんな共同イベントを催しました。ワシントンで行われた寿司技術コンクールはANA、ワシントン日本大使館、日本大使館広報文化センター、

全寿司連の森会長とすし善の嶋宮さんに囲まれた寿司コンテストで優勝した山中さん（松葉）

桜祭り協会、ワサビのカネクの戸野部社長、ニューヨークの山シーフード、ワシントンのツルー・ワールドさんからも応援していただき大成功に終わりました。当時のＤＣの文化センター（ＪＩＣＣ）の館長様には初の大会と講演会等を色々手配していただき感謝しています。コンテストはその後ニューヨーク、サンフランシスコ、イギリスのロンドンでも行われ、博多めんちゃんこ亭の米濱社長をはじめ、行き先の現地での飲食店関係の交流も深まり、勉強になりました。

桜祭りで楽しむ

ワシントンＤＣのポトマック川を中心に地元や観光客で賑わう全米桜祭りは２週間にわたっていろんなイベントが開催されます。

中でも10万人が集まると言われている桜祭りパレードの日はＤＣの道が封鎖され、桜にちなんだ店舗が出るのですが、ワシントンの寿司組合も各店でテントを借り、寿司、焼きそば、たい焼きなどのお祭りフードを売ることになりました。各店は仲間とメニューが重ならないように違うものを売るのですが、私の店は鰻丼、焼きそば、天丼、串団子を売りました。パレードが終わり、お腹が空いた客がどっと押し入るので、いかにして早く売り捌《さば》くかが儲かる鍵となります。また、仲間の店と競争してどれだけの売り上げかを密かに競い合う楽しみがありました。

ある年、甥の文大君が博多からワシントンＤＣに遊びに来てその出店を手伝ってもらいました。彼は英語ができないが人懐っこい顔をしているので客を呼び込む役を頼みました。背が低く、人混みの中では見えにくいのでビール箱に立たせて「とにかく笑顔で、なんでも良いから適当に日本語と英語でサンキューと言いまくれ」と頼んだら、１時間後には「おじさん凄いことになっていますよ、５列もラインができています。売る物沢山ありますか？」と真っ青な顔で店の中に入ってきました。その後作戦を変え、店員の一人がテントの外に出て、外で「はい、天丼なら今すぐ買えますよ」と言い、列に並んでいる人に売り込んで捌くスピードを上げました。

最後は売るものがなくなり、客にそれを告げると、「なんでもいいから食べさせてくれ」と言うので、天丼の天ぷらが切れたので白いご飯に焼きそばの残りをかき集めたものを乗せ、それでもいいので売ってくれというので、驚きながら、数食分も「焼きそばの切れ端を乗せた丼」を売りました。そのあとは、なんと白いご飯に鰻丼のタレだけをかけた「鰻丼の汁丼」を頼まれて売りました。その年は最高記録の、約３０００食以上、１万８千ドルを売り上げ、まだそのレコードは破られていません。

そのころは現金のみで売ったので、家に帰り、嫁さんがお金を数えるのが疲れたと言っていました。

今思うと、日本での修行時代は気が短く、どの店でも長続きせず、喧嘩や女性関係で辞めたり、首になったり、特別な技術も学ばなかった自分が、ラッキーにもアメリカで寿司ブームに乗り4軒も店を出すことができ、めでたくリタイアーできたのは、ワシントン寿司組合と日本寿司組合を通じ、皆さんから技術や人生を学び、少しは人間的に成長できたおかげだと感謝しています。

以下はその頃お世話になった方のリストです。

リタイア後にも、寿司組合ワシントン支部として、日本で開催された全国寿司連、山口大会（2019 年）に参加しました。

ワシントン寿司組合の皆様

日本の全寿司連の皆様

ＡＮＡ（全日本空輸株式会社）ワシントン日本大使館

日本大使館広報文化センター（ＪＩＣＣ）

桜祭り協会

ワシントン日本商工会

ＴＦＴ

日米協会

ワサビのカネクの戸野部社長

ＮＹの山シーフード
ワシントンのツルー・ワールドさん
博多めんちゃんこ亭の米濱社長はじめ
ニューヨーク、ニュージャージーのレストランの皆様方
に感謝です！

６章　アメリカ生活に新たな出来事

子供出産・ラスベガスで大勝ち！

息子の誕生

毎日同じことを繰り返している。朝から晩まで仕事して、ちょっと何か新しいことをしたいと思い始めた時、嫁が病院に行くと言いました。働きすぎで疲れたのかなと思っていましたが、その後産婦人科の先生の所に行くというので連れて行きました。子供は忙し過ぎたので作らないつもりでしたが、どうも子供ができたとのことで、ビックリしました。彼女は39才なので大丈夫かなと思いましたが、ドクターからは大丈夫と言われて、嫁さんは産むことにしました。自分は勿論大賛成!!

子供ができるということは新しい人生が始まるキッカケになると思いました。その準備として、まずはタバコを辞め、その後新しい車を買い、子供と嫁さんと自分のために健康的な状況を作ることにしました。

順調に進んで、1989年自分が40歳の時の3月6日に息子が産まれました。その日は今まで体験したことのないくらいの大雪が降り、祝いの大雪だと思いました。その夜は雪のため車で家に帰ることができなくて病院に泊まることになりましたが、非常に嬉しかったです。

この日を境に自分の新しい人生が始まりました。子供のお陰で沢山のことを学ばせてもらい、人生は常に進化し学ばねばと考えていましたので、これぞ最高のチャンスでした。

そして、このアメリカで子供が強く逞しくアメリカ人と競争しながらも、共存できるようになる環境を求めて準備を始めました。

私達はアメリカの文化やマナーは知らないので、保育園も質のいい先生たちのいる環境を求めて選びました。また、他の日本人のいる保育園では日本人同士が固まり、あまり子供のためにはならないので、ネイティブが多い日本人のいない場所を選びました。でも息子は最初新しい環境に慣れなくて問題があり、2度ほど保育園を変わりました。しかし、徐々に自分達も保育園の人達の考えも分かり、親の考えも変化し始めました。高校までは親の責任、それ以後は子供の責任だと思います。

今でも忘れられない光景ですが、最初の保育園に息子を迎えに行った時、息子が外で3人の体の大きなアメリカ人の子供達と喧嘩をしていました。子供でもよその国で生きていく事は大変だなーと思いましたが、後で今日はどうだったと聞いたら、「楽しかったよ」というのを聞いて感心しました。

そして息子には小さい時から

「お前は、両親が40歳の時に生まれた子供だから、先はどうなるか分からない、何もお前には約束できないので、自分のことは自分で全て責任を持って生きていけ。もし俺達が長生きしても、金は1銭も残さず全て使ってから死ぬから自分で自分の道は自分で開きな」

「俺は英語もできずに何とか飯が食えている。お前はアメリカの教育を受けているのだから俺たちに頼らず、自分で全て決め、好きなようにお前の決めた道を自由に生きて行け！」

「大学は俺達がもし生きていて金があれば、そしてお前が勉強したくて行きたければそこまでは経済的に援助する。それから先の大学院からは自分で決めて、自分で払いなさい」と伝えました。

小学校に行く前にマンション住まいから、子供の将来を見据えて、富裕層の闘争心が旺盛な人達が住んでいるポトマックという街に、無理して小さな家を購入しました。

小学校に通うようになった息子は、食べ過ぎ、運動不足やストレスのためか、太るようになりました。毎年、どんどん太る息子のことを自分たちは心配していましたが、ある時急に息子が痩せ始めました。

不思議に思っていましたが、のちに息子が大きくなって聞いたら「ダイエットをして痩せた」と聞き、驚いてしまいました。ダイエットという言葉を理解し、さらにそれを実行する力が小学校になったばかりの子供にあるのかと感心したものです。そして、そのダイエットのきっかけになった理由を聞いて、さらに驚きました。

それは、自分の高校時代の友人夫婦と姪のめぐみちゃんが日本から泊まりがけで遊びにきていた日のことでした。恵ちゃんがふざけて息子(よしてる)のことを「ポテポテよっちゃん」と呼んだのですが、それを聞いて美人の友人の奥さんが大声で「ほほほほ」とわらったのです。その後すぐ息子は部屋の奥に行き、後ろ向きで肩を震わせながら「よーし、もうこれからは恵ちゃんにポテポテよっちゃんと呼ばせないぞ!!」と言っていたと聞きました。美人の女性に笑われた、その時か！　と納得しましたが、やはり自分の子供だと思いました。美人に弱い。

子供のために、自分達は色々なスクール・イベントに参加して、アメリカの文化、風習を学び、仲間を増やすようにしましたら、次第に校長先生達からも親切にされ始めました。

日本の食文化を知ってもらいたいと、市内見学のプログラムの一環として、クラスの子供達を自分の店に招待したりしました。普通市内見学は何人かの親が付き添いとして参加するのですが、美味しい日本食が振る舞われるというので、いつも参加したことのない親達が、必要人数を超えて参加していたそうです。

息子の通うような私立スクールの校長先生の仕事の一つはオークション・イベントで寄付を集めることだそうで、息子が校長先生に好かれるようにそのオークションにも進んで参加しました。

学校で一番人気アイテムは何人かの生徒が先生達と学校に自分たちの好みのぬいぐるみを持って一晩過ごすというイベントでした。

それを私は3家族共同で高額で競り落としたので、校長先生も大変喜んでくれました。

アメリカのイベントでは「ラッフル」という当たりくじが人気があります。それは「50・50ラッフル」と呼ばれ、参加者にこのくじを買ってもらい、くじの売り上げの半額を当選者に渡し、半額が寄付金にまわる仕組みです。一枚二ドル（約二百円）の番号券を自分は20枚ほど買いました。思いがけずそれにあたり千2百ドル（12万円）を手にしたのでそのお金で、仲間達と15人乗りのストレッチリムジンを手配し、当時不動産王だったドナルド・トランプのカジノまで遊びに行きました。子供を通じて楽しい経験ができました。

ラスベガス旅行

1991年ゆるりと平和な時が過ぎていましたが、突然日本の母からの国際電話がありました。何かあるなと思いながら聞いていましたが、家庭内騒動の内容はちょっとビックリでした。そして「日本に帰って皆の話を聞いてやろうか」と言うと、意外にもすぐ「そうしてくれんね」と言われました。今までは「あんたが帰って来ると揉め事が起こるから帰ってこん方が良か」と言われていましたが、この件ではかなり母も参っていると思い、これ以上優しい母に辛い思いをさせたくなくて、すぐ日本に帰り、家族会議をして、問題を起こした長男が家を出るという結論を出したのです。

その1年後も日本に呼ばれて、今度は家族で帰りました。最終的には長兄夫妻の離婚後の３人の子供の援助を誰がするかと議論となり、私は「彼らが高校卒業するまで援助する」と言い、その話もまとめて帰りました。

その後また最終結論を出すために、豊田の親戚４人を呼び、土地を売り別れる奥さんに和解金を出すと言う母が望む結論を、私が全ての責任を持って遂行することになりました。この件では2年以内に３回博多に帰りました。

母は若い時から苦労があり、泣き言を言うこともなかったので尊敬していました。そして、私も非常に迷惑をかけていたのでお返しをさせていただいただけでした。一番嬉しかったことは、母、豊田の親戚の人、喧嘩別れをした兄貴の嫁さんとその御両親が大変喜んでくれたのが何よりも良かったです。今は、元義理の姉は元気に新しい優しい旦那さんと神奈川県で過ごしておられます。何年か前にお会いしました。


その事件以来、私が次兄家族を敵に回す長男家族の援助をしたということで、次兄家族達とは10年間以上お互いに連絡もしませんでした。

その後、上の兄が50代後半で早死にしたので葬式に行き、そこで次兄家族と仲直りしました。彼らは両親を最後まで面倒見てくれており、そのことには心から感謝していましたので。

それから、しばらくして次兄夫婦と仲直りのためにカナダの親戚も含めて11人を5日間ラスベガスに旅費を含めた招待をしました。開店以来夫婦で休みなく働いていたので、それくらいの蓄えはありました。

そのラスベガスのフーバーダムとミード湖の観光中に、カジノで遊んでいた嫁さんから「今スロットマシーンで勝った」と連絡がありました。前の日までにかなり負けていたので少しは取り戻せたのかと思いチョット安心していましたが、ホテルに帰り「良くやった、サンキュー」と言うと、嫁は「いくら勝ったか想像できる？」と自信満々に言うので聞くと、何と、3つのホテル合同のスーパー・ジャックポット、10万ドル（一ドル百円時代なので、日本円で一千万円）を当てたということでした。負けた金額を引いても、13人前の旅行の費用を払ってもお釣りが来ました。それ以後、そのホテルからは無料のショーや、食事、リムジンで送り迎えのゴルフツアーなどのサービスが続きました。部屋にはシャンパン、ワインやおつまみが運ばれてきて、次兄家族や長兄の家族達がはしゃぎまくってました。素晴らしい仲直りの時を過ごすことができました。

人生は面白い、何が起こるかわからない。

7章　リタイアメント

失敗・最後の店を人に貸す

一時には店が4件に増えましたが、利益が出なかった店、リースの契約が延長できなかった店を無くしたりして、最後には2号店だけが残りました。

商売のアイデアが昔のように出てこないし、その頃には商売の情熱を失っていて、当然のことながら店も従業員の給料を払ったら何も残らないという状態でした。最後の3年間は私たちの生活費も貯金を出して賄っており、このままでは老後の蓄えも無くなってしまうので、最後の店を売って、その利益で老後の貯金の足しにして残りの人生を楽しもうという結論に至りました。

2号店は店の権利だけでなく土地も所有していたので、最初は店だけを人に貸し、家賃で収入を得ようと考えていました。しかし、借主との揉め事が多く、家賃を下げなければいけないことにまでなり、その後は訴えられそうになったので、急いで弁護士を雇いました。私たちの弁護士は「あなたたちは悪くはないと思うが、もし裁判になると長引き費用もかかるので和解を進める」と言われました。アメリカの一般的な弁護士は、たとえ和解の方法がいいと思っても弁護士料が増える長期の戦いを好むのですが、私たちの弁護士はとても良心的な人で、驚きました。

和解を申し込み、最後の日にはお互いの弁護士を連れて話し合いが始まりました。私たちは「店が気に入らないのなら相手の10年間の契約を破り、いつでも店を返してくれても良い」と提案しましが、最悪の場合は、その上に損害賠償を求めて、同意しなければ裁判になるかもしれないと、内心心配していました。

でも、相手の弁護士が偶然にも私の昔のポーカー友達だったこともあり、何事もなく私たちの提案にサインしてくれました。その弁護士は、最初私を見てすぐわかってくれたようです。そして、「この提案はいい、すぐサインしなさい」と依頼人である店の借主に支持しました。昔のポーカー仲間だったということだけで、どうしてその弁護士は依頼主でなくて、敵であるべき私に有利な行動をとったのかも不思議だし、あれほど問題が多く反抗的であった借主が、その弁護士の言うことを全面的に聞いてすぐサインをしてくれたことも謎でした。あっけなく終わった話し合いに、しかも私たちに有利になるような結果には、私本人だけでなく、一緒にいた私の弁護士の一団も驚いていたようです。人生は謎だらけですね。

店を売る

店を貸すことに失敗した私は、今度は店も土地も売ってしまおうという計画をしました。売り出してすぐ買い手がつきました。その買い手は、店を貸しに出す前にも店を売ってくれないかと聞いていた、同じ街で商売をしている人で、その店のリースが切れるので早く新しい店を探そうと躍起になっていたようで、以前に買いたいと言った値段の遥かに上の値段で買ってくれました。店を貸したことでトラブルに巻き込まれましたが、そのおかげで、もっといい値段で売れたのでまずはめでたしというところです。

英語を再び学ぶ

リタイア生活を始めた２０１７年は息子もそろそろ大学を出て独り立ちする頃なので、これからは自分のためになることを始めようと計画しました。

第一に自分の英語の能力が気になりました。アメリカに永住して40年以上経ち、国籍はアメリカ人になりましたが、相変わらず英語は駄目なので、英語の勉強をし直そうかと計画しました。コミュニティ・カレッジで外国人のための英語のクラスを見つけました。シニア・ディスカウントで授業料は無料になり、３か月の手数料の70ドル払えばいいという条件で申し込みました。

英語は高校卒業以後、まったく勉強してないのでせめてアメリカ人の小学3年生位のレベルまで読み書きできるようになることがターゲットでした。もうすでに英語で40年以上も生活しているので、ある程度英語ができるという自負から気楽に楽しもうと入会した英語クラスですが、そこで知り合った人たちを通じ、今までとは全く違う老後の人生を送るきっかけになろうとは夢にも思っていませんでした。

鉄平さんとユキさん

2017年春に英語クラスの一学期の修了パーティでクラス・メートのユキさんの旦那鉄平さんと知り合いになりました。彼は仕事でアメリ

鉄平さん、ユキさんと皇居でマラソン　2023 年

カに来ていて、趣味はマラソンで、私が「マラソン教えてくれませんか？」と尋ねると「はい良いですよ」と言われ、次の週にはユキさんと一緒に走りました。この二人とは気が合うと思ったので「次回からは我が家の近くで走り、その後食事でもしながら話をしませんか？」と言い、彼のアメリカの仕事が終わるまでの一年間は毎月１回走った後、私の料理を食べて貰

い、飲みながら人生勉強会をしました。

２０１８年に彼等が日本に帰る直前に、ニューオーリンズのMardi Gras：マルディグラ・パレードを見に行くために三人で旅行をしました。ニューオリンズは想像を絶するような楽しい街でした。朝から真夜中までフレンチクオーターのバーボンストリートは酔いが回りきった人達で埋め尽くされました。頭上からは空き缶や色々な物が無数に飛んで来て、投げた人達は笑い転げています。私たち三人も一緒になりジャズを聴きながら騒ぎまくりました。

彼等には日本帰国後も度々再会しています。

勝匡さん家族、龍くんが参加してくれた我が家のパーティ

勝匡さんと珠子さん

やはり英語のクラスメートだった珠子さんの夫の勝匡さんがマラソンをするので、教えてくれることになりました。月1回、同じく我が家の周りを走り、その後我が家で食事をしながら話をすることが続きました。彼は世界銀行の仕事で2015年から約7年間ワシントンDCで勤めていて、優秀で話も面白く、色々新しいことを学

ばせていただきました。奥さんのたまちゃんも日本では医療系の仕事をしていたと聞きました。

ワシントンの日本大使館主催の新春会ではけん玉早大会で息子の弘海君が４年連続で優勝しましたが、あまり優勝ばかりするので出場を止められたそうです。勝匡さん家族は全員がけん玉が上手で地域のイベントがある時は家族でけん玉ショーに出ておられました。

元寿司組合の仲間の夫妻と北欧の旅

私は子供の頃から旅は大好きでした。しかし我が家には金銭的に余裕がなく、両親も仕事が忙しくて家族旅行は少なかったのです。

１９５５年頃に佐賀の嬉野温泉に行きました。私がおねしょをしたため、母が布団を畳んですぐ押し入れに入れて隠したことは今でも鮮明に覚えています。布団は女中さんが畳んで入れますが、母の行動には驚きました。その後の家族旅行は記憶にはありませんが、私は子供の時から旅行が大好きでした。

リタイア生活に入り早速、日本の津の有名な大寿司を経営されていた松田夫妻とフィンランド、ヘルシンキで集合する３週間の北欧の旅を楽しみました。仕事がある時は、旅行期間は最高でも２週間でしたが、退職してからは好きなだけ旅行に行けるのでありがたいと思いました。

ボランティアで皿回し

ボランティア活動

最近ボランティア活動も増えました。得意の料理を作りボランティア仲間に振る舞ったり、イベントがある時はたまにエンターティナーとして呼ばれたりしますが、ほとんどの場合は日本食に関連した活動です。

私の高校卒業以後の人生を振り返ってみると、18歳の時から75歳の現在までずっと食べ物に関連のある人生だったなと思います。

若い時は未熟な性格からあちこちと職場を転々としていましたが、ずっと日本食のみで、30歳から68歳でリタイアするまでも日本食店の経営と一貫して食べ物を作って生きてきました。言い換えると日本食で人生を支えられて生き、日本食でまた友達を作り、アメリカ人に日本食文化を届け、リタイア後はその特技のおかげで楽しくボランティアに参加して、お世話になった皆様にお礼として楽しんでいただき、また私自身も楽しませていただいております。

長く修行を積んで、店も38年経営してきましたが、特別の技術も身についていない私が、現在元気に楽しく老後を過ごせるのも、人生に欠かせない「料理」を生涯の仕事として選んだことが幸いしていたように

レストラン仲間の山崎さん、瀬川さん、近藤さんと一緒に参加した
ワシントン新春祭のボランティア・グループ。

思えます。アメリカで店を始めたころに、運良く日本食ブームがはじまったこともありますが、その後日本食店が増え経営も下火になった時でも諦めずに努力を重ねると、なんとかなるものだということも学びました。

これからも、その調子でずっと元気で、どんどん友達を作り人生楽しみたいと思います。

8章　ワシントンDC地区の楽しい仲間達の話

この本の締めくくりとして、１９７４年からの渡米50年の記録をたどり、ワシントンでお世話になった人達の話しをさせていただきます。皆様に、そして既に亡くなられている方々は家族、親戚の方へ、この場を借り感謝の言葉を伝えさせていただきます。

シカゴからメリーランド州のベセスダの紅花へ移動してからは色々な分野の方達に助けていただき、友達になっていただきました。皆様に助けていただき、今の私があります。

以下はワシントン地区でお世話になった方々です。

レストラン仲間

「さくら」レストランの久家さん、「みかど」の岩井さん、「ジャパン・インの吉本さん、「源氏」の岩崎さん、そして、シルバースリングにあった「ハナ・マーケット」のハナウミさん。

今はこれらの店は全て閉店されて存在しません。引退されたり、天国に行かれたり、皆様大変お疲れ様でした。

以下は現在も営業されている店の名前と経営者のプロフィールです。

1.「与作」の近藤清人さん

１９７６年渡米し、愛媛県生まれで京都育ちの近藤さんは皆から

「麿」と呼ばれ、おっとりとした、女性にモテる優しい人です。大学時代に日本で有名なテレビ・クイズ番組の制作をして、外国の女性を使い色々な番組に派遣していました。

旅が好きで、東日本大震災後、山崎、自分と近藤さんの3人で東北に旅をして、元ベセスダで「タコグリル」の共同経営者の工藤君が経営する青森県黒石市の「タコグリル」を一緒に尋ねました。どこに行っても自分のペースを崩さず、突飛な行動に出て周りを和やかにしてくれます。

2.「タコグリル」、「乾杯」の瀬川哲紀さん

瀬川さんは坂本龍馬の故郷の土佐から1980年に渡米しまし

た。日本では会計士、ワシントンの「ジャパン・イン」で働き、松葉で寿司を学び、「乾杯」寿司キャリアウトをオープン後、タコグリルを開けて今は2軒とも営業しています。仲間を大事にする、優しい人です。ワシントンDCの桜祭りにもボランティア活動に一緒に参加しています。

3.「寿司太郎」の山崎信博さんとお父様

山崎さんは、新潟県、長岡市から家族全員で1986年アメリカに渡り、お父様の後を継いだ息子の信博君の店はワシントンでは有名な店です。

アメリカ合衆国大統領の保養地であるキャンプ・デービッド（大

統領の別荘）でオバマ大統領より依頼を受けて寿司と天ぷらを作ったこともありました。彼の仕事に関する考え方は超一流です。彼の父上は亡くなられていますが私の人生の師匠でした。

4.「招き猫」の高里（Tao）さん

私の経営する松葉で寿司シェフを務めていただいた後、「招き猫」をオープンしました。今でも彼の店には松葉閉店後の仲間達が勤めていて、時々懐かしくて食事に行きます。

5.「こころ」の山中清美さん

山中さんも松葉で長く寿司シェフとマネージャーを務めてくれた

信用のある人です。お客さんに人気があり、松葉時代の「山中ファン」が今でも彼の店の常連になっているということです。

その他の仲間・お世話になった方々

・甥の徳明君は東区和白の福岡工業大学附属城東高等学校（元福岡工業大学付属高等学校で剣道部所属）を１９９３年に卒業後、アーリントンの松葉に来ました。剣道と料理が大好きな男で、ニューヨーク大会に参加して剣道大会で２回優勝しました。寿司太郎の山﨑信博君とは兄弟分で、ワシントンでの日米交流のボランティアではマグロ解体ショーをしました。現在はタジキスタンに住み、色々な国のレストランへのカウンセリングをしています。アメリカのオバマ大統領夫人のミシェルさんの依頼でホワイト・ハウスのイベントでは3日間寿司を作り、夫人に大変喜ばれたとのことでした。

・「マルイチ」の経営者の市野夫妻は良く働き、新しい考え方を取り入れ、店はいつも流行っています。働き者で、素敵なお二人です。

・新しい仲間は空手道場の先生で、甥の息子が生徒として大変お世話になりました。そしてケアファンドでボランテイアをしています。伝説の空手他流試合。トーワ杯覇者　竹森毅さんです。

・大使公邸で大使夫人の秘書をしているいつも笑顔のキヨミ・ビ

山崎源太郎君（右端）甥の徳明くん（後ろ左）

ユーカーさん、向日葵みたいな明るく元気な人で岡崎出身です。旦那のボブさんからも色々のアドバイスをいただいております。

・昔寿司太郎で働いていた山崎源太郎君は日本で料理を学び数々の免許を習得しアメリカで働き、２０１５年からスイスで食品関係の会社で働き、今迄33ヵ国と世界を飛び回り日本食普及活動に従事しています。世界各国の業界のトップを招いて行われる2019年スイスのダボス会議では寿司を握り、2023年に寿司協会の認定講師で協会員となり、毎年開催される東京でのワールド寿司カップで審査員を務めています。今は名古屋の食品関連会社で働き、欧州や南米で日本食のコンサルタントや海外での寿司シェフ養成に取り組んでいます。素晴らしく前向きな人で、これからの日本にはこんな世界を舞台に活動できる人がもっと欲しいと思います。

・今はフロリダで寿司シェフをしている龍君は東京出身で、宮崎県都城出身の父親の廣底政信さんが新宿歌舞伎町で居酒屋「ミヤコンジョウ」を経営しています。２００７年20歳の時、アメリカ永住権をタコグリルの瀬川さんから申請してもらい、２００９年から日本をもっと知るべきだと考え、自転車四国一周１０００キロを２週間でやり遂げました。子供の時は人見知りだったと彼は言っていましたが、東京から九州一周を自転車で２５００キロ走破した後から人生観が変ったそうです。その後ヨーロッパ鉄道一周１ヶ月９カ国、インドのガンジス川で泳ぐ、そしてアジア旅、南アメリカ旅と、色々の国に自己改造のために行っていました。

フロリダに行く前は毎年、我が家の新年会で寿司バーシェフをボランティアでしてくれていました。イケメンで優しいので女性に人気あり過ぎで、ちょっと悔しかったですね〜。奥さんのＫＴさんはバージニア出身で、7〜9歳まで神奈川県西鶴間に住んでいました。

・アメリカから移動してドイツのデュッセルドルフに住んでいる九州男児の原田君は、アーリントンの松葉1号店で、学生時バイトをしていました。昔何か問題がある時はお客さんが原田君を指差し、「あの社長さんに聞いてみる」と若い頃から社長の貫禄のある人でした。当時は仲間から「専務」というあだ名で呼ばれていました。

・寿司組合のコンクールや、日本商工会のイベントで知り合いになったANAの支店長の石井さんには大変お世話になりました、その後全米の支配人になられました。今でも人生の師匠と尊敬しています。

日本商工会のイベントで知り合いになった石井さん（左から２番目）、皆様と日本で再会

日本へ帰国する度に、元ワシントン日本商工会会長の東電で働いておられた増田さん、元鹿島建設の森永さん達との飲み会に参加させていただいております。皆さんありがとうございます。

・ワシントンのトラベル会社「ジャパンエクスプレス」の須磨さんとは40年以上の長い付き合いで、今は先代の跡を継ぎ、甥の須磨努さんが運営しています。優秀な社員の恵子さんは全ての仕事が的確で、迅速で、優しく対応してくれます。私は旅行のことは全てここでお願いしています。我が家のパーティーではお二人が皆と面白い話をして盛り上げてくれます。

・キーン・昭子さんと桜祭り協会の会長さんのお力添えで、寿司コンクールや寿司の講演会、寿司と酒のイベント等にもご協力いただきました。長い期間準備や、会議をしていただき、また、当日のイベント期間中は沢山の方々にヘルプしていただきました。

・亡き森会長率いる全寿司連の皆様の桜祭り協賛から始まり、ワシントン始めその他の都市で色々の分野の方々に支えていただき、おかげさまで充実したアメリカ生活をさせていただいています。これからも日米の架け橋になれることがありましたら、細やかながらも協力させていただきます。本当にありがとうございました。

自分が嫌いで自己改造のために渡米した私が、今では自分が大好きになり、色々な方達に学ばせていただき、義理と人情が一部のアメリカ人にも通用すると分かり嬉しく思います。

楽しく、元気に家族、仲間達を大事にすれば色々の縁があり、良いことがあるということも学ばせていただきました。

これからも楽しんで人生前に進んで参ります。

ありがとうございました。

安武　邦夫

アメリカで寿司店「博多いい加減男」の半生
ISBN978-4-434-35570-7　C0095

発行日　2025年3月21日　初版 第1刷

著　者　安武　邦夫
発行者　東　保司

発　行　所
櫂歌書房
〒811-1362　福岡市南区長住4丁目9-1
TEL　092-511-8111　FAX　092-511-6641
E-mail: e@touka.com　http://www.touka.com
発売元：星雲社（共同出版社・流通責任出版社）